Wilhelm Seelmann

Die Totentänze des Mittelalters

Untersuchungen nebst Literatur- und Denkmälerübersicht

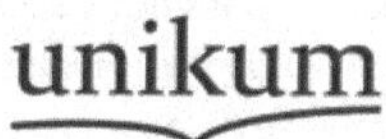

Wilhelm Seelmann

Die Totentänze des Mittelalters

Untersuchungen nebst Literatur- und Denkmälerübersicht

ISBN/EAN: 9783845743455
Erscheinungsjahr: 2012
Erscheinungsort: Bremen, Deutschland

www.unikum-verlag.de | office@unikum-verlag.de

Wilhelm Seelmann

Die Totentänze des Mittelalters

Untersuchungen nebst Literatur- und Denkmälerübersicht

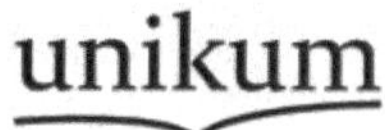

Die

Totentänze des Mittelalters.

Untersuchungen
nebst Litteratur- und Denkmäler-Übersicht.

Von

Wilhelm Seelmann.

(Aus dem Niederdeutschen Jahrbuche XVII.)

NORDEN und LEIPZIG.
Diedr. Soltau's Verlag.
1893.

Druck von Diedr. Soltau in Norden.

Inhalt.

Die Totentänze des Mittelalters.

Einleitung.

Die Kirche hat sich stets angelegen sein lassen, dem Menschen die Nichtigkeit des irdischen Daseins vor Augen zu führen und an das immer gefürchtete, stets unerwartet eintretende letzte Stündlein warnend zu erinnern. Eine Anzahl weitverbreiteter Dichtungen mahnen eindrucksvoll an den unausbleiblichen Gang in das andere Land und das Gericht, welches über die von ihrem Leibe geschiedene Seele gehalten werden wird. Nichts kommt aber an wirkungsvoller Kraft der Mahnung dem Memento mori gleich, welches von den Mauern der Kirchen den versammelten Andächtigen die Totentänze zuriefen, in welchen Bild und Schrift sich verbanden, das Bild auch zu denen redend, welche des Lesens unkundig oder unlustig waren.

Die meisten der alten Totentänze, mit welchen im Ausgange des Mittelalters sich die Kirchen Deutschlands wie des Auslandes schmückten, sind im Laufe der Zeiten zu Grunde gegangen. In Norddeutschland gewähren jetzt nur noch die Marienkirchen in Lübeck und Berlin ihren Besuchern den Anblick eines mittelalterlichen Totentanzes. Das Lübecker Originalgemälde v. J. 1463 ist zwar nicht mehr vorhanden, es wird aber ersetzt durch eine 1701 angefertigte Erneuerung, welche die alten Bilder an derselben Stelle und in der ursprünglichen Grösse im Wesentlichen treu wiedergiebt. Der alte Text hat freilich neuhochdeutschen Versen weichen müssen, doch hat eine alte Abschrift ihn grossenteils aufbewahrt. Es besteht dieser Totentanz aus einem auf die vier verschiedenen Wände einer Kapelle verteilten Wandgemälde von fast hundert Fuss Länge und ziemlich sieben Fuss Höhe. Im Hintergrunde des Gemäldes erblickt man das Panorama der Stadt Lübeck, die von Schiffen im Schmuck ihrer Segel belebte Trave und die belaubte Umgebung der Stadt und des Flusses. Im Vordergrunde der heiteren und bunten Frühlingslandschaft treten auf einer grünen Wiese vierundzwanzig Paare, welche in voller Lebensgrösse dargestellt sind, den Reigen. In jedem Paare ist der Tod, eine nackte in ein Leichentuch gehüllte Figur von skelettartiger Dürre mit vergnügt grinsendem Schädel einer der Tänzer. Seinen Partner hat er gezwungen, ihm zum grausigen Reigen die Hand zu reichen. Er kennt kein Ansehen der Person, kein Erbarmen. Mit ihm und nach seiner Pfeife müssen alle zum Totentanze antreten: Papst und Kaiser, Kardinal und König, Bischof und Herzog und alle die geistlichen und weltlichen Stände, Alt und Jung, Mönch und Arzt, Bürger und Bauer, Mutter und Kind. Da hilft kein Bitten und Barmen, mitten aus der Herrlichkeit der Welt oder den Mühen des Tages reisst der Tod die Ueberraschten.

Unter den einzelnen Figuren las man die Reime, welche den im munteren Tanzschritt sich bewegenden Todesgestalten und den bedrückt folgenden Menschen in den Mund gelegt sind. Ueberflüssig fast erscheinen die Worte. Dass keine Macht der Welt gegen den Tod hilft, dass ihm Alle folgen müssen, dass alles Heil bei Gott liegt, diese Gedanken spricht das Gemälde deutlicher und eindrucksvoller aus, als es die Verse des Dichters vermögen.

Die Totentänze bringen ungewohnte Gegensätze zum Ausdruck: Neben einer grossen Zahl skelettartiger Todesgestalten im weissen Leichentuche die geistlichen und weltlichen Würdenträger im vollen Schmucke farbenreicher Gewänder. Die grausen Todesgestalten vergnügt grinsend und mit Lust den Reigen tretend. Daneben die Grossen der Welt, Papst, Kaiser, König und alle die Fürsten, welche dem Volke als die immer glücklichen sonst so beneidenswert erscheinen, in einer Lage, dass kein noch so Armer an ihre Stelle treten möchte.

Die Totentänze verdanken der asketischen Richtung der mittelalterlichen Kirche ihre Entstehung und Verbreitung. Daneben waren künstlerische Gründe ihrer Bevorzugung vor anderen Bildwerken förderlich. Die weisse Tünche, die heute noch die Wände so vieler alter Kirchen bedeckt, entsprach nicht dem bilder- und farbenfrohen Sinne des Mittelalters. Mit ihr hat eine spätere Zeit die zahllosen Martyrien, Passionen, Allegorien und Reime verhüllt, welche dereinst die Wände und Pfeiler füllten. Wo bei der baulichen Erneuerung des Kircheninneren die Kalkhülle fällt, kommen wie hinter einem Schleier die alten Bilder wieder zum Vorschein. Sie zeigen, wie überall in den Städten der Pinsel des Malers die Ausschmückung der Kirche vollenden half. Aber es ist nur selten die Hand eines gebildeten Künstlers gewesen, der ihn führte. Die groben Verzeichnungen in den oft riesigen Gestalten der Heiligen, die ganze rohe Ausführung zeigt, wie gering das Können derjenigen war, welche die Bilder hergestellt haben. Die Totentänze boten nun eine grosse Aufgabe, welche in jedem Falle dem Maler, mochte er auf künstlerischer Höhe stehen oder über bloss handwerksmässige Fertigkeit verfügen, die Schöpfung eines wirksamen Werkes in Aussicht stellte und ermöglichte. Was den Gesichtsausdruck betraf, so war nicht von Nöten, individuelle Züge zu malen, eine Kunst, die erst die Niederländer späterer Zeit verstanden und lehrten. Es waren zwei Typen nötig, der fröhlich grinsende Schädel der Todesgestalten, das traurig resignirte Gesicht der Menschen. Leicht und doch wirkungsvoll war alles übrige: mannigfache farbenreiche Kostüme und Attribute, welche jedem Beschauer sofort die Bedeutung der einzelnen Figuren verständlich machten, dazu ein beliebiger landschaftlicher Hintergrund oder eine architectonische Einrahmung. Der Eindruck auf den Beschauer wurde nicht einmal geschmälert, sondern, wie die Totentänze in Basel und Kermaria zeigen, eher noch in seiner grausigen Grossartigkeit gesteigert, wenn minder tüchtige Maler, auf feinere Ausführung der Einzelheiten und landschaftlichen Hintergrund verzichtend, sich auf die rohe Umrisszeichnung der tanzenden Paare möglichst beschränkten. In diesem Falle blieb fern alles, was den Blick auf Einzelheiten ablenken oder durch freundlich lichte Farben den grausigen Eindruck des Gesammtbildes mildern konnte, während alles, was den Totentänzen ihre Wirkung sicherte, erhalten blieb: die leicht erkennbare Idee, die stetige Wiederkehr des tanzenden Todes mit seinem grinsenden Schädel, die ungewöhnliche Grösse des Bildwerkes, welche, wo es als monumentaler Schmuck hoch oben das Schiff der Kirche oder die Aussenwände der Carnarien umzieht, hundert oder mehr Fuss in die Länge zu messen pflegt.

Die Häufung so vieler Todesgestalten mag dem künstlerischen Gefühle der Gegenwart zu stark erscheinen, und dass sie auch auf schlichte Leute abschreckend wirken kann, zeigt der Beschluss des Basler Rates, der das alte Wahrzeichen der Stadt, den Grossbasler Totentanz 1805 zerstören liess, weil es ein Kinderschreck und Leutescheuche sei. Aber anders als heute, wo dem häufigen Anblicke des Todes die Mehrzahl unserer Zeitgenossen nur selten begegnet, standen die Menschen des Mittelalters ihm gegenüber. Die kleinen Kriege, welche jede Stadt von Zeit zu Zeit in der Nähe ihrer Thore auszufechten hatte, die häufigen Hinrichtungen, die von Zeit zu Zeit zahlreiche Opfer fordernden Seuchen gewöhnten an den Anblick. Man begegnet sogar der Meinung, man habe die Totentänze gewissermassen als warnende Erinnerungen an einzelne grosse Pestepidemien des fünfzehnten Jahrhunderts herstellen lassen. Diese Ansicht steht im Einklange mit der Volkssage, die am Lübecker Totentanze haftet, im übrigen ist sie nur Vermutung, ohne dass Beweise für sie vorgebracht sind.

Wann und wo der erste Totentanz gedichtet oder gemalt wurde, ist unbekannt. Ohne Zweifel hat er noch dem 14. Jahrhundert angehört. Der älteste, dessen Entstehungsjahr durch historische Zeugnisse überliefert ist, war die Pariser Danse macabre v. J. 1425. Nicht viel jünger waren die Totentänze von London und Basel. Die Mehrzahl der Uebrigen gehört dem 15. und 16. Jahrhundert an, doch lässt sich das Alter der meisten nur mit Hilfe kunst- oder litteraturgeschichichtlicher Merkmale ungefähr bestimmen.*) Die jüngsten monumentalen Totentänze sind im vorigen Jahrhunderte hergestellt. Totentanzgedichte und Totentanzkupfer erscheinen noch heute.

Die Totentänze waren zu Ausgang des Mittelalters zumal in

*) Die Nachweise sind in der den Untersuchungen folgenden Litteratur-Uebersicht gegeben.

Frankreich und Deutschland häufig. Ausser diesen Ländern fanden sie sich, sei es als monumentale Zierden der Kirchen und Kirchhöfe, sei es in Handschriften und Drucken, mit und ohne Text, in fast allen Ländern des christlichen Abendlandes: in Italien, Spanien, England, Dänemark, den Ostseeprovinzen Russlands und in Polen. Nur in den Niederlanden ist seither kein mittelalterlicher Totentanz aufgefunden worden. Aber auch hier muss er, wie wir später sehen werden, im Mittelalter bekannt gewesen sein.

Der grossen Verbreitung der Totentänze entspricht es, dass die Bücher und Aufsätze, welche sie aus lokalem oder allgemeinem Interesse behandeln, zahllos sind. Wir verdanken dem Eifer der Verfasser, dass die erhaltenen Denkmäler meist genau beschrieben und die Nachrichten der Chronisten überall aufgesucht sind. Auf der anderen Seite lässt sich nicht verkennen, dass in den meisten jener Schriften die Forschung, sobald sie über das Lokale hinausgeht, ebenso oberflächlich als kritiklos ist, und für die Geschichte des Totentanzes wichtige Fragen bisher mehr durch vage Annahmen beantwortet als durch in den Gegenstand tiefer eindringende Untersuchungen klar gestellt sind. Gewisse thatsächliche Irrtümer und falsche Voraussetzungen, welche in den bisher erschienenen Schriften immer von Neuem wiederkehren, liegen für den, der überall auf die Quellen zurückgeht, auf der Hand und werden leicht beseitigt werden können. Einige sind, um Raum zu sparen, in den nachfolgenden Untersuchungen gar nicht in Betracht gezogen worden. Damit man aber nicht der Unkenntnis zuschreibt, was mit gutem Bedacht geschehen ist, sei hier wenigstens auf einzelne allgemein verbreitete Irrtümer und Abwege der Untersuchung kurz hingewiesen.

Durch die falsche Lesung einer Jahreszahl auf dem Klein-Basler Totentanz verführt, hat man früher, trotzdem schon Schnaase mit gutem Urteile Einsprache erhob, 1312 als sein Entstehungsjahr angenommen. Dieser Irrtum wurde verhängnisvoll, indem man, auf ihn bauend, jenem Denkmal und den ihm verwandten hochdeutschen Totentänzen ein weit höheres Alter als allen übrigen zuschrieb und sich dadurch die Erforschung des wahren Verwandtschafts-Verhältnisses zwischen den verschiedenen Totentänzen unmöglich machte. Trotzdem es vor fünfzehn Jahren geglückt ist, jenen Irrtum aufzudecken und 1439 als Entstehungsjahr nachzuweisen, findet man immer noch das falsche Datum 1312. Fast unbegreiflich muss es aber erscheinen, wenn man — in Deutschland wie im Auslande — für die Chronologie der Totentänze einen vermeintlichen Mindener Totentanz v. J. 1383 verwertet, während das gemeinte Bild gar kein Totentanz, sondern eine Fahne ist, deren eine Seite den Tod mit der Sense, die andere eine geschmückte Frau mit der Umschrift *Vanitas Vanitatum* zeigt. Fast allgemein vermengt man mit den Totentänzen die im Mittelalter sehr verbreiteten Darstellungen der Legende von den drei toten und drei lebenden Königen. Dieselben sind in vereinzelten Fällen äusserlich den Totentänzen angefügt worden, im übrigen sind diese ganz unabhängig von jenen entstanden und ausgebildet worden. Aehnlich verhält es sich mit den besonders in Italien gefundenen sogen. Triumphen des Todes, die den Tod darstellen, wie er die Menschen mit seinen Pfeilen oder der Sense niederstreckt.

Man sammelt und verwertet allerlei Hinweise, wie der Tod durch die bildende Kunst früher dargestellt, wie er von den Dichtern personificirt oder im orientalischen, antiken, deutschen und ausserdeutschen Volksglauben aufgefasst ist. Die beigebrachten Belege mögen in anderer Hinsicht sehr schätzbar sein, für die Beantwortung der Frage, wodurch der unbekannte Schöpfer des Totentanzmotives zu diesem angeregt wurde, sind sie bisher wertlos gewesen. Ehe diese Frage beantwortet wurde, hätte untersucht sein müssen, in welchem Lande und in welcher Zeit der Totentanz entstanden ist. Verdanken wir ihn z. B. einem Franzosen, so können doch wahrscheinlich nur ältere in Frankreich heimische Vorstellungen ihn beeinflusst haben, jedesfalls keine deutschen oder gar orientalischen.

Das Totentanzmotiv, die Vorstellung, dass der Tod als Tänzer alle Menschen, von Papst und Kaiser herunter bis zum Bettler, zu seinem in das Grab führenden Reigen erbarmungslos zwingt, ist in Bild und Wort und mimisch-dramatisch im Mittelalter zur Darstellung gelangt.

Die grundlegende Untersuchung, auf welcher die Geschichte der Totentänze aufzubauen ist, muss zunächst zum Ziel den Nachweis haben, ob die litterarische, bildliche oder mimische Darstellung das ursprüngliche ist, und in welchem Verhältnis die verschiedenen Fassungen zu einander stehen. Bisher stehen sich die Ansichten gegenüber, ohne dass die eine oder die andere sich auf eine festgeschlossene Beweisführung stützt.

Um die Untersuchungen möglichst von Litteraturnachweisen und Beschreibungen einzelner Denkmäler zu entlasten, wird eine besondere Uebersicht sämmtlicher bekannter Totentänze und der auf sie bezüglichen Litteratur folgen.

Welcher von den erhaltenen Totentänzen bietet die altertümlichste Gestalt?

Zwischen den verschiedenen deutschen und ausserdeutschen Totentänzen besteht augenscheinlich eine durch verlorene Vorbilder und Zwischenglieder verknüpfte Verwandtschaft. Dieselbe offenbart sich nicht allein durch die Gleichheit des Motivs und die Aehnlichkeit in der Durchführung desselben, sondern auch durch die Wiederkehr vieler gleicher Figuren, durch dasselbe Princip bei der Auswahl und Anordnung der Stände, welche vertreten sind, hin und wieder auch durch wörtliche Uebereinstimmungen in den Texten. Die Abweichungen und Verschiedenheiten erklären sich durch die Leichtigkeit, nach eigenem

Belieben oder aus Rücksicht auf die für dies monumentale Bildwerk zur Verfügung stehenden Wandflächen die Zahl der Personen zu vermehren oder zu verminderen. Der Text zumal konnte keine Schwierigkeit machen. Geeignete Gedanken und Worte, die den einzelnen Personen in den Mund gelegt werden konnten, waren leicht gefunden.

Die Thatsache eines alle Totentänze umfassenden näheren oder entfernteren Verwandtschaftsverhältnisses hat zur notwendigen Voraussetzung, dass zu irgend einer Zeit es einen Totentanz gegeben hat, durch dessen Abänderung oder Nachahmung neue Totentänze entstanden, welche wieder die Vorbilder anderer jüngerer wurden.

Es ist der Forschung bisher noch nicht gelungen, einen Stammbaum der Totentänze aufzustellen und mit seiner Hilfe Schlüsse auf den ältesten, gewissermassen den Stammvater aller Totentänze, zu ziehen. Nur bei einer Anzahl sehr nahe verwandter Totentänze ist das Verhältnis derselben zu einander klar gelegt, im übrigen haben einige sehr anfechtbare Annahmen Geltung erlangt. Bei französischen Gelehrten begegnet die Neigung die Danse macabre in der Fassung v. J. 1425 für das allgemeine Vorbild zu halten. Was die deutschen Totentänze und ihre Texte anlangt, gilt dagegen seit Massmann und besonders Wackernagel als ausgemacht, dass die sämmtlichen mehrzeiligen Totentanzstrophen und namentlich die des Lübecker Totentanzes v. J. 1463 aus den vierzeiligen des alten oberdeutschen Totentanzes mit 24 Figuren umgearbeitet sind und jüngere Entwicklungsstufen darstellen. Man ist sogar soweit gegangen zu behaupten, dass der Lübecker Totentanz gleichfalls ursprünglich vierzeilig gewesen und erst bei einer Erneuerung des Gemäldes in die erhaltene achtzeilige Fassung umgearbeitet sei.

Entgegen diesen Annahmen wird sich erweisen lassen, dass Bild und Verse des alten Lübecker Totentanzes gleichzeitig entstanden sind, dass der Text nicht aus einem hochdeutschen vierzeiligen umgearbeitet ist, sondern dass Bild und Text im wesentlichen Wiederholung eines niederländischen Totentanzes sind, und dass dieser nicht nach einem deutschen, sondern nach einem französischen Vorbilde des 14. Jahrhunderts gestaltet war. Ferner wird sich ergeben, dass der Lübecker Totentanz im Vergleich zu den übrigen erhaltenen deutschen oder französischen Totentänzen durchaus nicht eine jüngere Entwickelungsform darstellt, sondern dass im Gegenteil der Lübecker von allen erhaltenen Totentänzen die altertümlichste Form darbietet.

In sämmtlichen hochdeutschen und französischen Texten ist das Zwiegespräch zwischen Menschen und Tod derartig gestaltet, dass der Tod eine ganze Strophe zu dem von ihm zum Tanze aufgeforderten Menschen spricht. Dieser antwortet in der folgenden Strophe. Darauf wendet sich in einer neuen Strophe der Tod zu dem Nächstfolgenden, der dann wieder, wie sein Vorgänger, in einer Strophe antwortet. So heisst es in dem alten vierzeiligen Totentanze:

18. **Der tot.**	19. **Der tot.**
Her koufman, waz hilft iuwer werben? Diu zit ist hie, ir müezet sterben. Der tot nimt weder miete noch gabe. Tanzet im nach, er wil iuch haben.	Frowe min, ir dunkt iu gar subtil. Deste gerner ich mit iu tanzen wil. Werfet van iu daz scapular, Ir müezet hie mit den toten varn.
Der koufman *(antwortet).*	**Die klosterfrowe** *(antwortet).*
Ich het mich ze lebene versorget wol. Kisten und kasten wæren vol. Nu hat dem tot min gabe versmacht. Und mich umbe lip und guot gebracht.	Ich han in dem kloster min Gote gedienet als ein gewihtez nünnelin. Was hilft mich nu min beten? Ich muez des todes reien treten.

Der Lübecker Totentanz von 1463 und mit ihm seine Revaler Copie bietet, verglichen mit dem alten vierzeiligen sowie allen übrigen hochdeutschen Texten, zwei besondere mit einander verknüpfte Eigentümlichkeiten. Während in diesen Texten zuerst der Tod vier bezw. acht Verse spricht und darauf die angeredete Person in ebensoviel Versen antwortet, richtet im Lübecker Totentanze der Tod, nachdem er sieben Verse zu irgend einer Person geredet hat, im achten Verse derselben Strophe die Aufforderung an die nächstfolgende Person, zum Tanze anzutreten. Diese redet dann in einer achtzeiligen Strophe den Tod an, worauf dieser in den ersten sieben Versen der nächsten Strophe erwidert, um dann wieder die achte Zeile an die dann folgende Person zu richten. Nachdem z. B. der Tod dem Kapellan in sieben Zeilen geantwortet hat, redet er den Kaufmann an:

Kopman, wilt di ok bereiden!

(Der Kaufmann.)

It is mi verne bereit to syn.
Na gude hebbe ik gehat pin
To lande unde tor see,
Dor wint, regen unde snee.
Nein reise wart mi so swar,
Mine rekenscop is nicht klar.
Hadde ik mine rekenscop gedan,
So mochte ik vrolik mede gan.

(Der Tod *antwortet.)*

Hefstu anders nicht bedreven
In kopenscop, alse di was gheven,
It sal di wesen rechtferdicheit,
Wen alle dink to richten steit,
Hefstu di so vorwart
Unde din dink gans wol geklart.
Westu anders, dat is nicht gut.
(zum Küster)
Koster, kum, it wesen mot!

(Der Küster.)

Ach dot, mot it sin gedan,
Nu ik erst to denen began!
In miner kosterie mende ik klar
Noch hogher to komen vorwar
u. s. w.

Der Lübecker Text stimmt nun, was auffälliger Weise bis jetzt unbeachtet geblieben ist, in Bezug auf die erwähnten Eigentümlichkeiten vollständig mit der altspanischen *Danza general de la muerte* überein. Als Beleg und Beweis mag es genügen, einige Strophen vorzulegen.

Nachdem der Tod dem Dekane geantwortet hat, wendet er sich an den Kaufmann im achten Verse der Strophe:

Venit mercadero a la dança del lloro!

Dise el mercadero:

Aquien dexaré todas mis riquesas
E mercadurias que traygo en la mar?
Con muchos traspasos e mas sotilesas
Gané lo que tengo en cada lugar.
Agora la muerte vino-me llamar:
Que será de mi non se que me faga,
O muerte tu sierre a mi es grand plaga,
Adios mercaderos que voyme a fynar.

Dise la muerte:

De oy mas non curedes de pasar en Flandres,
Estad aquí quedo e yredes ver
La tienda que traygo de buuas y landres:
De graçia las do non las quero bender.
Una sola dellas vos fará caer
De palmas en tierra en mi botica,
E en ella entraredes maguer sea chica:
(zum Archidiaconus)
E vos arçediano venid al tanner!

Dise el arcediano:

O mundo bil, malo, e fallesçedero,
Como me engaun aste con tu promisyon,
Prometiste-me vida, de ty non la espero,
Syempre mentiste en toda sason. etc.

Im übrigen möge es genügen, aus der Danza de la muerte die nachfolgenden Schlussverse der von dem Tode gesprochenen Strophen der Reihe nach anzuführen:

zum Papst.	Dançad, padre santo, syn mas de-tardar.
z. Kaiser.	Dançad imperante con cara pagada.
z. Cardinal.	Morid non curedes, benga el cardinal.
z. König.	Vos, rrey poderoso, venit a dançar.
z. Patriarchen.	En pos de vos benga luego el patriarca.
z. Herzoge.	Sygase con vos el duque antes que mas beua.
z. Erzbischof.	Venit, arçobispo, dexat los sermones.
z. Connetable.	Pase el condestable por otra tal via.
z. Bischof.	Venit vos, obispo, a ser mi vasallo.
z. Ritter.	Venit, cauallero, que estades armado.
z. Abt.	Dançad, abad gordo, con vuestra corona

u. s. w.

Wenn im Gegensatz zu allen übrigen erhaltenen Totentanztexten der Lübecker und die altspanische Danza general in einer so ungewöhnlichen formellen Eigentümlichkeit zusammentreffen, so kann diese Uebereinstimmung n i c h t z u f ä l l i g sein; nur durch ein gemeinsames mittelbares oder unmittelbares Vorbild, welches beide in diesem Punkte vollständig nachahmen, lässt sie sich erklären.

Es wird die Frage zu beantworten sein, welchem Lande und welcher Zeit jenes gemeinsame Vorbild angehört hat. Nach allem, was wir wissen, ist die Annahme eines unmittelbaren Zusammenhanges zwischen altspanischer (castilischer) und mittelniederdeutscher Litteratur und Kunst abzuweisen. Die Litteratur- und Kunstgeschichte wüsste kein einziges Beispiel aufzuweisen. Kein Wunder, denn nicht einmal der Handel verband im Mittelalter durch direkte Verbindung castilische und norddeutsche Städte. In den Niederlanden, in Brügge, von dessen sechzehn Contoren der fremden Kaufleute das grossartigste der Hansa, ein anderes den Castilianern gehörte, war es, wo der hansische und spanische Kaufmann zusammentrafen und ihre Exporten mit einander austauschten. Von hier bezog Spanien in grosser Anzahl die Kunstwerke altniederländischer Meister, mit denen es seine Kirchen und Paläste schmückte, und aus den Niederlanden waren die fremden nach Spanien gewanderten Maler gekommen, denen die altspanische Malerei die nachhaltigste Förderung verdankte.*) Auf der anderen Seite standen die Niederlande, in dessen Hafenstädten der hansische Kaufmann gern seine Lehrzeit verbrachte, wo er gleichsam wie zu Hause war, auch was Kunst und Kultur anlangt in vielfachster Beziehung zu den deutschen Hansestädten und besonders zu Lübeck. Noch heute sind Lübecks Kirchen reich an mittelalterlichen Kunstschätzen — Gemälden und Grabdenkmälern —, welche die kunstfertige Hand alter niederländischer Meister geschaffen hat.

Auf ein niederländisches Vorbild weist nun der alte Lübecker Totentanz; mit Wahrscheinlichkeit das Gemälde, unzweideutig der alte niederdeutsche Text. Auf dem Gemälde, welches 1463 oder wenig später entstanden ist, erscheinen nämlich diejenigen Stände, deren Ornat nicht wie bei dem Kaiser und Papste sich im Laufe der Zeiten ziemlich gleich blieb, in burgundisch-niederländischer Modetracht, aber in einer Modetracht, welche für das Jahr 1463 schon veraltet erscheinen muss. 'Unter den Kleidungsstücken', sagt Mantels, 'ist manches, welches an den Hauptplätzen damaliger Mode, in den Niederlanden, in Frankreich, am Rhein, um 1463 schon verschwunden war.' Nun könnte man freilich mit Mantels an die Möglichkeit denken, dass jene 1463 in den Niederlanden bereits unmodischen Trachten in Lübeck, trotz seines Reichtums und seiner Beziehungen zu Brügge, sich länger erhalten haben. Es ist deshalb entscheidend, dass auch der Text, wie später an unzweideutigen Belegen dargelegt werden wird, aus einem mittelniederländischen Original entweder übersetzt oder nach ihm mit wörtlichen Anlehnungen bearbeitet ist. Deuten aber beide, Bild wie Text, auf ein niederländisches Vorbild, so bleibt nur die Annahme übrig, dass beide nach demselben Vorbilde, also zu

*) Crowe und Cavalcaselle, Geschichte der altniederländischen Malerei. Bearb. von A. Springer. Leipzig 1875. S. 387 ff.

gleicher Zeit entstanden sind. Das niederländische Vorbild war sicher eine Anzahl Jahre älter, als der alte Lübecker Totentanz, es muss in die Zeit gehören, in welcher die Costüme der Figuren der geltenden Mode entsprachen, also in den Anfang des 15. Jahrhunderts.

Es wird nun unsere Aufgabe sein müssen, das Verwandtschaftsverhältnis zwischen dem alten niederländischen Totentanze und der altcastilischen Danza general zu ermitteln. Dass diese selbst kein Originalerzeugnis spanischen Geistes ist, ergiebt sich schon daraus, dass sie in der sie bietenden Handschrift als *Trasladaçion* 'Uebersetzung' bezeichnet ist. Der Handels- und Kunstverkehr, der Spanien und die Niederlande verband, könnte möglich erscheinen lassen, dass durch einen jener Maler aus Flandern, welche ihr Vaterland verliessen, um in Spanien eine neue Heimat zu finden, nach diesem Lande die Kenntnis der Totentänze gebracht ist. An diese Möglichkeit kann man allerdings denken, obwohl in Spanien sich nur Totentanztexte, nicht Totentanzgemälde erhalten haben, nur darf man nicht an dies unmittelbare niederländische Vorbild des Lübecker Totentanzes denken. Wie dieser auf ein niederländisches, so weist nämlich die spanische Danza general auf ein französisches Original als Vorbild. Da aus Südfrankreich keine Totentänze bekannt geworden sind, wird man auf ein nordfranzösisches Werk schliessen müssen, und in Anbetracht der Verbindung mit Castilien liegt es nahe, entweder an Paris, dessen Universität auch von spanischen Klerikern besucht wurde, oder an Flandern, wo französische und niederländische Sprache und Litteratur zusammentrafen, zu denken. Dieser nordfranzösische Totentanz muss dann schliesslich das Vorbild auch des niederländischen Totentanzes gewesen sein. Dass man sich in diesem Falle, wo ein altfranzösischer oder mittelniederländischer Ursprung in Frage kommt, für jenen zu entscheiden hat, lehrt nicht nur die allgemeine litteraturgeschichtliche Erfahrung, es wird auch noch dadurch befürwortet, dass die Figuren des Totentanzes (in denen der Connetable erscheint, während der Graf fehlt) den französischen Würdenträgern entsprechen.

Wenn ein altfranzösischer Totentanz sich so als gemeinsamer Stammvater einerseits der altspanischen Danza general, anderseits des Lübecker Totentanzes ergeben hat, so darf doch nicht übersehen werden, dass die gezogenen Schlüsse nur einen altfranzösischen Text, nicht zugleich auch ein zugehöriges Gemälde erweisen, deshalb nicht, weil in der altspanischen Danza nur eine Dichtung, kein damit verbundenes Bildwerk vorliegt. Ausgeschlossen ist freilich die Möglichkeit nicht, dass auch jener altfranzösische Text irgend wo mit einem Gemälde verbunden gewesen sein kann.

Es erübrigt noch die Bestimmung des Jahrhunderts, in welchem jener altfranzösische Totentanz, — der mit der jüngern uns erhaltenen Danse macabre nicht verwechselt werden darf — verfasst worden ist. Da er älter als der von ihm abhängige mittelniederländische Totentanz gewesen sein muss, der in den Anfang des 15. Jahrhunderts gehört, so würde er spätestens in diese Zeit zu setzen sein. Noch früher ihn hinaufzurücken, nötigt die Danza general. Diese ist in einer Handschrift des 15. Jahrhunderts erhalten, soll aber nach der von spanischen und deutschen Gelehrten gewöhnlich vertretenen Ansicht bereits i. J. 1360 verfasst sein. Gegen diese Altersbestimmung ist freilich von einigen Seiten, und wohl mit Recht, Einspruch erhoben worden. Mag nun aber die Danza auch ein halbes Jahrhundert zu früh angesetzt sein und sie noch in die ersten Jahre des 15. Jahrhunderts gehören, so muss immerhin das von ihr nachgeahmte, also um einen gewissen Zeitraum ältere französische Original noch dem vierzehnten Jahrhundert angehört haben.

Noch ein anderer Grund lässt sich dafür anführen, dass bereits vor dem Ende des 14. Jahrhunderts im nordöstlichen Frankreichs der Totentanz bekannt war. In Rückblick auf eine 1376 überstandene gefährliche Krankheit sagt nämlich der Pariser Dichter Jehan Le Fevre in seinem bald nach 1376 verfassten ***Respit de mort:***

Je fis de Macabree la dance
Qui toute gent maine a sa trace
Et a la fosse les adresse*)

Es muss also bereits für das Jahr 1376 die Kenntnis einer Danse macabre, eines Totentanzes, in Frankreich vorausgesetzt werden. Da der erhaltene Text der französischen Danse macabre, wie wir später sehen werden, erst im 15. Jahrhundert verfasst ist, kann jene Stelle sich nicht auf diesen beziehen, sondern legt für die Existenz eines ältern Totentanzes Zeugnis ab.

Die Form des Lübecker Totentanzes v. J. 1463 und der altcastilianischen Danza general weist, wie sich nun gezeigt hat, in eine etwa um hundert Jahre vor seiner Darstellung in Lübeck liegende Zeit zurück. Alle übrigen Totentänze gehören einer jüngeren Zeit an. Es ist somit in dem Lübecker Gemälde nicht, wie man angenommen hat, eine jüngere Entwicklungsstufe erhalten, sondern vielmehr die ältere.

Der Totentanz als Drama.

Jene in der vorangehenden Untersuchung dargelegte Eigentümlichkeit der Form, welche von allen erhaltenen Totentanztexten allein der lübisch-revalsche Totentanz und die altspanische Danza general aufweisen, und welche, wie wir sahen, in das vierzehnte Jahrhundert hinaufreicht, wird auch für die nachfolgende Untersuchung den Ausgangspunkt abgeben.

Blicken wir auf die Totentanzgemälde, so finden wir nicht einen Tod, sondern eine grosse Anzahl Figuren, welche den Tod darstellen. Jeder menschlichen Figur ist ihr eigener, besonderer Tod

*) Die Stelle ist von Massmann im Serapeum 8 S. 134 mitgeteilt worden.

beigegeben. und häufig dem ganzen Reigen noch ausserdem ein oder einige Tode als Pfeifer oder Vortänzer.

In dem Texte. welchen der lübisch-revalsche Totentanz und die Danza general bieten. ist dagegen der Tod. welcher mit den verschiedenen menschlichen Wesen redet. immer ein und derselbe. Denn wenn z. B. der Tod in den ersten Zeilen der Strophe dem Papste antwortet und in der Schlusszeile derselben Strophe den Kaiser auffordert. zum Tanze anzutreten. und dann. als dieser Einwendungen erhebt. sie in derselben neuen Strophe widerlegt. in welcher er sich schliesslich zur Kaiserin wendet. so kann hierbei doch immer nur derselbe Tod als redend gedacht sein.

Dies Gemälde zeigt also viele Tode. die Dichtung kennt nur einen einzigen Tod.

Es liegt hier ein Widerspruch zwischen Bild und Text vor, auf den bisher noch nicht hingewiesen ist, den man aber bereits im Mittelalter empfunden zu haben scheint. Denn mit Ausnahme des lübisch-revalschen Textes finden sich in sämmtlichen erhaltenen Totentänzen Bild und Wort in Uebereinstimmung bezüglich dieses Punktes.

Jener Widerspruch. der in den ältesten Fassungen des Totentanzes zwischen Gemälde und Dichtung obwaltet. nötigt zu der Aufstellung der Frage. ob der Text oder das Bild das ältere, ursprünglichere ist.

Das Bild kann nicht das ursprüngliche, das frühere gewesen sein. Wäre der älteste Text als Erläuterung zu einem vorhandenen Bilde, welches den menschlichen Figuren im Tanzreigen je einen besonderen Tod als Tanzpartner gab, verfasst worden, so hätte der Dichter nach Art der jüngeren Totentänze jeden Tod einzig und allein zu seinem Tänzer sprechen lassen können. Auch würde ein Maler, der unabhängig von einem Texte ein Gemälde entwirft. den Entwurf in Einklang mit der Besonderheit seiner Kunst gesetzt haben. Der Dichter kann zeitlich auf einanderfolgende Vorgänge schildern, der Maler ist auf die bildliche Wiedergabe dessen beschränkt, was das Auge in demselben Moment erschauen kann. Den Tanz in seinem Verlaufe, also wie der Tod nach einander die verschiedenen Menschen auffordert, in demselben Gemälde bildlich darzustellen, war unmöglich. Ein Maler hätte nicht an einen Gesammtreigen gedacht, sondern in einzelnen Gruppenbildern den Tanz veranschaulicht.

Es muss also das Werk des Dichters, der Text, das Ursprüngliche gewesen und zu ihm. zu seiner Erläuterung oder Veranschaulichung das Bild hinzugefügt sein. Es begreift sich dann der Widerspruch. Es war eben nicht möglich im Bilde zu veranschaulichen, dass derselbe eine Tod nach einander mit den verschiedenen geistlichen und weltlichen Ständen ein Zwiegespräch hält. Der Maler ergriff den Ausweg, den Tod so oft zu malen. als er das Wort ergreift, und die sämmtlichen Tode und Menschen zu einem Gesammtreigen zu vereinigen.

Die Dichtung (d. i. der altfranzösische sowohl in der Danza

general wie im Lübecker Totentanze von 1463 nachgeahmte oder übersetzte Text) ist also älter als das Gemälde und ursprünglich mit einem solchen nicht verbunden gewesen. Wenn ihre Strophen demnach von ihrem Dichter nicht als Bildersprüche, d. h. als Verse, welche gemalten Figuren gleichsam in den Mund gelegt werden, dereinst verfasst waren, so wird die Frage zu erheben sein, welcher Dichtungsgattung jener alte Totentanztext ursprünglich angehört hat.

Der alte französische Originaltext ist freilich nicht mehr vorhanden. Die beiden erhaltenen Nachahmungen und Uebersetzungen gestatten jedoch zum Teil sichere, zum Teil wahrscheinliche Schlüsse auf die Form und den Inhalt des Originals. Alles, was übereinstimmend sich in beiden Nachahmungen findet, muss auch im Original vorhanden gewesen sein. Im Uebrigen lässt sich erkennen, dass in Bezug auf Wortlaut und Gedankeninhalt die altspanische Danza, deren Verfasser augenscheinlich durch dichterische Begabung und Uebung sich auszeichnete, eine ziemlich freie Umarbeitung des Originals unter Hinzufügung neuer Figuren bietet, während der lübische Text, vielleicht weil er von einem minder sprach- und versgewandten Dichter herrührt, zwar verschiedene Strophen des Originals auslässt, sonst aber dieses treuer wiedergiebt. Dass die altspanische Danza das Original um neue Strophen vermehrt hat, lässt sich daraus folgern, dass verschiedene der in ihr auftretenden nur in Spanien vertretenen Stände*) unmöglich dem nordfranzösischen Original entnommen sein können. Aber auch inhaltlich deuten einige Strophen darauf, dass sie nicht übersetzt, sondern freie Dichtung eines Spaniers sind, wie z. B. die Rede des Todes an den Rabbi. denn nur in Spanien, der Heimat zahlreicher gebildeter Juden im Mittelalter, war eine derartige Bezugnahme auf eine jüdische Segensformel u. a. erklärlich. Für die treuere Wiedergabe des Original durch den in Lübeck und Reval erhaltenen Text spricht überdem noch ein besonderer Grund, der später noch zur Sprache kommen wird.

Bei der Frage, welcher Dichtungsgattung der Totentanztext ursprünglich angehört hat, kommt seine formelle Gestaltung in Betracht. In Bezug auf diese stimmen der alte lübisch-revalsche Totentanz und die altspanische Danza general vollständig überein. Es muss also das gemeinsame altfranzösische Original dieselbe Form geboten haben.

Die Form bietet nicht einen einfachen Dialog, sondern einen Dialog, der durch seine im vorigen Abschnitt dargelegte Eigentümlichkeit darauf hinweist, dass die alte Totentanzdichtung dramatisch war. Selbstverständlich hat diese Schlussfolgerung, die noch durch andere Gründe zu stützen ist, nur Bezug auf die ursprüngliche Bestimmung des altfranzösischen Originals aus dem 14. Jahrhundert. Es wäre falsch, anzunehmen, dass der niederdeutsche in Lübeck und Reval erhaltene niederdeutsche Text jemals dramatisch verwertet wäre. Auch abgesehen von anderen Gründen verbietet sich diese Vermutung

*) Die Nachweise werden in der Litteraturübersicht gegeben werden.

in Bezug auf Lübeck schon deshalb. weil weder in dem erhaltenen Verzeichnis der hier von 1480 bis 1515 aufgeführten Spiele der Patricier*) noch in den chronikalischen Ueberlieferungen eines Totentanzspieles Erwähnung geschieht. Uebrigens ist der dramatische Charakter des Lübecker Totentanzes auch noch von Niemand angenommen worden. Die altspanische Danza general pflegt dagegen als ältestes Drama der spanischen Litteratur betrachtet zu werden. Doch gründet sich diese Annahme eben nur auf ihre dramatische Form. Ein Zeugnis oder der Beweis. dass sie jemals aufgeführt worden sei. hat nicht beigebracht werden können. und es wird deshalb von anderen Gelehrten dieselbe der dramatischen Litteratur nicht zugerechnet.

Zum Erweis. dass ein altfranzösischer Totentanz in der That aufgeführt worden ist. wird auf zwei historische Zeugnisse über stattgehabte Aufführungen eines Totentanzes hingewiesen werden können. Dann wird aus einer Stelle des niederdeutschen Textes selbst erwiesen werden. dass dieser oder vielmehr seine altfranzösische Vorlage ursprünglich zum Behufe dramatischer Aufführung vor einer geistlichen Zuschauerschaft verfasst worden ist.

Jene historischen Zeugnisse darf man nicht, wie mehrfach geschehen ist. auf die uns erhaltene jüngere Danse macabre v. J. 1425 beziehen. Denn diese ist, wie im Fortgange der Untersuchung gezeigt werden wird. weder ein Drama noch zur dramatischen Aufführung geeignet.

Man hat drei alte Zeugnisse beigebracht, welche die dramatische Darstellung des Totentanzes im Mittelalter beweisen oder beweisen sollen.

Wie zuerst französische Geschichtschreiber des vorigen Jahrhunderts und darnach Wackernagel u. a. annahmen, ist 1424 der Totentanz im Kloster Aux Innocents in Paris dramatisch aufgeführt worden. Diese Annahme beruht auf einem groben Missverständnisse. In dem *Journal d'un bourgeois de Paris sous Charles VII.***) heisst es: *L'an 1424 fut faicte la danse macabre aux Innocens et fut commencée enuiron le moys d'aoust et acheuée ou karesme ensuiuant.* Wie bereits Fiorillo und Peignot klar und richtig ausgesprochen, kann der Totentanz. von welchem gesagt wird. dass er im Mai begonnen und zur Fastenzeit des nächsten Jahres vollendet sei. nur ein Gemälde gewesen sein. Hieran ist um so weniger zu zweifeln, als Peignot aus demselben Journal z. J. 1429 eine Stelle beibringt, in welcher berichtet wird, dass ein Franziskanermönch Richart im Kloster aux Innocents *le dos tourné vers les charniers encontre la charonnerie à l'androit de la dance macabre* gepredigt habe. Schliesslich wissen wir auch aus Lydgate's englischer Uebersetzung der Danse macabre. dass es in dem Kloster Aux Innocents zu Paris einen gemalten Totentanz gegeben hat.

---

*) Niederdeutsches Jahrbuch 6, S. 1 ff.

**) Gedruckt bei Labarre, Mémoires pour servir à l'histoire de France et de Bourgogne. Paris 1729, S. 103. Neue Ausgabe: Journal d'un bourgeois de Paris, 1405—1449, publ. par Al. Tuetey. Paris 1881, S. 203. 234.

Als zweites Zeugnis wird, zuerst von Carpentier in seinen Zusätzen zu Du Cange's Glossarium mediae et infimae latinitatis sub voce *Machabæorum chorea*, eine im Mercure de France (September 1742, S. 1955) mitgeteilte Stelle einer Handschrift aus Besançon angeführt. Sie lautet: *Sexcallus solvat D. Joanni Caleti, matriculario S. Joannis, quatuor simasias vini per dictum matricularium exhibitus illis, qui choream Machabæorum fecerunt 10 Julii* [sc. 1453] *nuper lapsa hora missæ in ecclesia S. Joannis Evangelistæ, propter capitulum provinciale Fratrum minorum.* Der Seneschal wird also beauftragt, dem Hilfssacristan der Johanniskirche die vier Simasien (das sind 24 Mass) Wein zu vergüten, welche dieser, als am 10. Juli 1453 bei Gelegenheit des Provinzialkapitels der Franziskaner nach der Messe der Makkabäertanz aufgeführt wurde. den Darstellern desselben gegeben hatte. Diese Stelle würde unter der Voraussetzung beweisend sein, dass der lateinische Ausdruck *chorea Machabæorum* dasselbe wie das französische *Danse macabre* bedeutet. Die Frage, ob jene Voraussetzung sicher ist, mag hier dahingestellt bleiben. Ist sie aber in der That zutreffend, so beweist jene Stelle nichts für die Art der Aufführung; es könnte sich, wie mehrfach angenommen ist, um ein *tableau vivant*, d. h. eine jener mimischen Aufführung ohne Worte handeln. welche in jener Zeit sich in Frankreich grosser Beliebtheit erfreuten. Auf die Anzahl der mitspielenden Personen erlaubt dagegen die obige Stelle einen gewissen Schluss, wenn man die sonst in Frankreich begegnende Sitte, dass den Darstellern bei Probe und Aufführung nur ein beschränktes Mass Wein zur Erquickung vorgesetzt wird, in Betracht zieht.

Während die beiden angeführten Zeugnisse allgemein bekannt sind, ist ein drittes, welches jene beiden an Wichtigkeit weit übertrifft, den meisten Schriftstellern über den Totentanz, auch denen neuerer Zeit, unbekannt geblieben, obwohl es in einem vielbenutzten Werke, freilich erst in den Nachträgen desselben,*) zu finden war. In den von Laborde zum Abdruck gebrachten Rechnungen der Ausgaben der Herzöge von Burgund findet sich nämlich folgende Stelle**): *A Nicaise de Cambray, painctre, demourant en la ville de Douay, pour lui aidier à deffroyer au mois de septembre l'an 1449, de la ville de Bruges, quant il a joué devant mondit seigneur, en son hostel, avec ses autres compaignons, certain jeu, histoire et moralité sur le fait de la danse macabre . . . VIII francs.* Die Danse macabre, welche hiernach im Monat September 1449 in Brügge vor dem Herzoge Philipp dem Guten aufgeführt ist, wird als *jeu*, dann als *histoire et moralité* bezeichnet. *Jeu* ist der allgemeine Ausdruck für dramatische u. a. Darstellungen. Die Bezeichnung *histoire*, welche allein stehend sonst für historische, legendarische oder novellistische Stoffe üblich ist, besagt in diesem Falle wohl, dass ein Spiel mit Handlung und Dialog gemeint ist.

*) Langlois, Essai sur les danses des morts. T. I. (1851), S. 292.

**) de Laborde, Le ducs de Bourgogne. Études sur les lettres, les arts et l'industrie pendent le 15e siècle, et plus particulièrement dans les Pays-Bas et le duché de Bourgogne. Partie II. Vol. 1 (1849) S. 393. Comptes n. 7399.

Unzweideutig und klar ist der Ausdruck *moralité*, der in Verbindung mit *histoire* ein dramatisches Spiel belehrender oder erbaulicher Tendenz bezeichnet.

Den historischen Zeugnissen, welche zum Nachweise stattgehabter Aufführungen des Totentanzdramas bekannt geworden sind, lässt sich eine bisher für die Untersuchung noch nicht verwertete und in ihrer Bedeutung überhaupt noch nicht erkannte Stelle anreihen, welche sich in dem lübisch-revalschen Texte selbst findet. Der 'Prediger auf der Kanzel', der im Totentanzdrama die Rolle des Prolocutor vertritt, beginnt seinen Prolog mit den Versen

Och redelike creatuer, sy arm ofte ryke,
Seet hyr dat *spectel,* junck unde olden!

Das Wort *spectel* (frz. *spectacle*) bedeutet 'Schauspiel', es ist also in diesen Worten geradezu und unzweideutig ausgesprochen, dass die Totentanzdichtung, die im lübisch-revalschen Texte vorliegt, als Drama zu denken ist.

Aus demselben Prologe ist ferner zu entnehmen, vor welchem Zuschauerkreise jenes Drama zuerst aufgeführt worden ist. Vers 9 ff. heisst es nämlich:

Unde leven kinder, ik wil ju raden,
Dat gi juwe *scapeken* verleiden nicht,
Men gude exempel en opladen,
Eer ju de doet sus snelle bilicht.

Der Prolocutor fordert also die Zuschauer auf, diese möchten ihre *scapeken*, ihre 'Schäflein' nicht in die Irre führen, sondern ihnen gute Beispiele geben. Die Geistlichen betrachten sich, in Anlehnung an das biblische Gleichnis vom guten Hirten, als die Hirten, die 'Pastores' der Laien, diese wurden nach kirchlichem Sprachgebrauche als ihre Schafe oder Schäflein bezeichnet. Da die Worte des Prologs also ausschliesslich an Geistliche gerichtet sind, so ergiebt sich, dass das Totentanzdrama ursprünglich zur Darstellung vor Klerikern verfasst worden ist.

Wenn einerseits unsere Untersuchung ergeben hat, dass die älteste Form des Totentanzes, wie sie in mittelniederdeutscher Uebersetzung in dem lübisch-revalschen Texte vorliegt, ursprünglich ein Drama gewesen ist, anderseits feststeht, dass die in Frankreich entstandene Dichtung auf dem Wege über die Niederlande i. J. 1463 nach Deutschland gekommen ist, und wenn ferner nachweislich i. J. 1449 in Brügge, also in einer Stadt, welche in besonderer Verbindung mit Lübeck stand, ein Totentanz dramatisch aufgeführt worden ist, so liegt die Vermutung nahe, dass jene in Brügge aufgeführte Danse macabre im Lübecker Totentanze von 1463 erhalten ist. Ferner erhält durch den Nachweis, dass dieses Drama ursprünglich zur Aufführung vor Geistlichen bestimmt war, die Vermutung eine Stütze, dass es dasselbe Drama war, welches am 10. Juli 1453 vor dem Provinzialcapitel der Minoriten in Besançon dargestellt ist.

So nahe diese Vermutungen liegen, können sie doch irrig sein, denn die Möglichkeit lässt sich nicht läugnen, dass es einen zweiten, uns verlorenen dramatischen Totentanz gegeben haben kann. Sicher bleibt aber die Thatsache zu Recht bestehen, dass die erhaltene lübisch-revalsche Totentanzdichtung die Uebersetzung einer altfranzösischen für die scenische Aufführung verfassten Dichtung des 14. Jahrhunderts ist. Es wird unsere Aufgabe sein, diese Dichtung in Vergleich mit altfranzösischen dramatischen Werken gleicher Zeit und gleicher Gattung zu stellen, um ihre litteraturgeschichtliche Stellung zu erkennen. Leider besitzen wir nur zwei altfranzösische Moralitäten, welche dem 14. Jahrhundert angehören.[1]) Beide sind von dem bekannten Dichter Eustache Deschamps und beide weichen, was die Form betrifft, wesentlich von der Totentanzdichtung ab. Aber auch die Vergleichung mit den erhaltenen freilich gleichfalls nicht sehr zahlreichen Moralitäten des 15. Jahrhunderts weist keine Dramen auf, welche dem erhaltenen Totentanze so ähnlich sind, dass man auf sie nur zu verweisen brauchte. Es wird deshalb nötig sein, die genauere Feststellung der dramatischen Gattung, welcher das Spiel vom Totentanze angehört hat, in einer besonderen, der folgenden Untersuchung zu erörtern.

Aber auch ohne diese Untersuchung lässt sich an dem Texte erkennen, wie die Aufführung jenes Totentanzes vor sich gegangen ist.

Wir haben uns die Aufführung in der Kirche auf einer zu diesem Zweck hergerichteten Bühne zu denken, die von zwei Seiten zugänglich ist, deren eine ein Beinhaus oder ein Grab vorstellt.

Zuerst tritt auf einer vor der Bühne befindlichen Kanzel ein Prediger als Prolocutor auf und mahnt die als Zuschauer versammelten Kleriker, dem Schauspiel, das sich vor ihren Augen abspielen würde, die Lehre zu entnehmen, dass niemand vor dem Tode geschützt ist. Wer viel Gutes in seinem Leben gethan und die seiner geistlichen Fürsorge anvertrauten Schafe gut geführt habe, werde dafür himmlischen Lohn empfangen.

Auf die Bühne tritt dann der Tod und fordert alle Creaturen auf, ihm zu folgen und dazu sich mit guten Werken zu rüsten.

Zuerst ruft er den Papst, er sei der höchste auf Erde gewesen, darum gebühre ihm die Ehre des Vortanzes. Klagend tritt der Papst zum Tode, der auf seine Worte, während er ihn im Tanzschritt zum Grabe führt, antwortet.

Indem der Papst in dem Grabe oder hinter einer als Zugang zu einem Beinhause gedachten Thür verschwindet, fordert der Tod in ähnlicher Weise den Kaiser, Cardinal, König und alle übrigen der Reihe nach auf, die alle im vollen Schmuck ihres Ornates erscheinen,

---

[1]) L. Petit de Julleville, Répertoire du théâtre comique en France au moyen-âge. Paris 1886, S. 19 ff.

während der Tod in eng anliegende gelbliche Leinwand gekleidet ist, welche durch die Kunst des Malers so bemalt ist, dass der Tod einer Leiche ähnlich sieht.

Die Vorstellung selbst geschah unter musikalischer Begleitung, der Text wurde durch Gesang oder Recitativ zum Vortrag gebracht.

Es war nicht notwendig, dass für jeden menschlichen Stand ein besonderer Darsteller agirte. Der abgetretene Papst hatte, während der Tod mit dem Kaiser, Erzbischof u. s. w. zum Tanze schritt und mit ihnen Rede und Gegenrede führte, Zeit und Gelegenheit, die Kleidung zu wechseln und bald darauf in anderer Tracht die Bühne auf der anderen Seite wieder zu betreten.

Die Entstehung des ersten Totentanzes.

Es ist zuzugeben, dass das alte Totentanzspiel in Bezug auf Handlung und Dialog an Einfachheit gewissen ältern französischen Moralitäten ziemlich ähnlich ist.

Dagegen fällt ein auffälliger äusserer Unterschied in die Augen. Der alte Totentanz bestand, abgesehen von dem Prologe, aus Strophen, während die eigentlichen Dramen und somit auch die Moralitäten frei vom Zwange strophischer Gliederung waren.

Neben dem äussern Unterschiede wird ferner ein innerer bemerkbar.

Bei einfachem Dialog und einfacher, ja mitunter fehlender Handlung fesseln die Moralitäten dadurch, dass ein zu Grunde gelegter Gedanke in vielseitiger Weise erörtert, bestritten und verteidigt wird. Eine beliebte Form, in welcher sich das am ungezwungensten thun lässt, ist desshalb der Streitdialog oder ein Process. Allegorische Figuren treten als Kläger gegen einander auf, und eine andere übernimmt die Rolle des Richters. Rede und Gegenrede führen schliesslich zu einem Urteile oder sonst einem Abschluss des Gedankens.[1]) In dem Texte des alten Totentanzes ist von irgend einer Entwickelung eines Gedankens kaum etwas zu finden. Es ist eine eintönige Variation desselben Gedanken, den bereits der Prolocutor ausspricht: Jeder wird vom Tode ergriffen, jeder bereite sich durch gute Werke auf ihn vor und erfülle die Pflichten, die sein Beruf ihm auferlegt.

Was wir von den französischen Moralitäten des Mittelalters wissen, lässt nicht darauf schliessen, dass das decorative Moment sehr in den Vordergrund trat. Ihre Wirkung beruhte fast einzig auf ihrem Gedankeninhalt. Im Spiele vom Totentanz muss dagegen der Eindruck, welchen der Dialog auf die Zuschauer hatte, vollständig gegen den Eindruck, den die Mannigfaltigkeit und der Wechsel der Kostüme auf

---

[1]) Ein deutsches nach dem Vorbilde einer altfranzösischen Moralität verfasstes Gedicht mit Reden von je 24 Versen ist im Niederdeutschen Jahrbuch 8, S. 43 ff. abgedruckt.

das Auge ausübte, zurückgetreten sein. Die Worte des Dialogs waren kaum mehr als Erläuterungen des Kostüms.

Dieser Sachverhalt muss zu der Folgerung führen, dass die Moralität vom Totentanze aus einem jener *tableaux vivants* entstanden ist, welche in Frankreich und Flandern im 13. und 14. Jahrhundert so beliebt waren. Das Tableau wurde Moralität, indem den früher stummen Personen Worte in den Mund gelegt wurden.

Ueber die Tableaux vivants äussert sich Ebert in seiner Entwicklungs-Geschichte der französischen Tragödie vornehmlich im XVI. Jahrhundert (Gotha 1856. S. 21 f. 37 f.). 'Tableauartige, *mimische* Darstellungen,' sagt er, 'oft unter musikalischer Begleitung, kamen seit dem Anfange des vierzehnten Jahrhunderts an den Höfen des Königs und der Grossen zur Vermehrung festlichen Glanzes in Mode. Ich meine die *Entremets.* Die Maschinen, die Dekoration, das Kostüm war die Hauptsache; geschichtliche Ereignisse, damals auch insbesondre aus den Kreuzzügen, wurden zugleich mit Szenen aus der biblischen Historie vorgestellt, daneben aber wurden auch blosse Kuriositäten, ohne irgend welche dramatische Bedeutung, zur Schau gestellt. Solche Tableaux profanen und geistlichen Inhalts wurden auch seit dem vierzehnten Jahrhundert bis zur Regierung Heinrichs II. regelmässig bei den feierlichen Einzügen der Könige in Paris, aber auch fremder Fürstlichkeiten, insonderheit der Königsbräute, an verschiedenen, zum Teil bestimmten Punkten der Stadt, an welchen der königliche Aufzug sich vorüber bewegte, auf Gerüsten dargestellt. Es waren meist *bewegte* Bilder, in welchen eine Handlung vor sich ging, die im Augenblick des Erscheinens des Königs anhob, aber sie war *stumm;* wie denn oft ausdrücklich von den Chronisten bemerkt wird, dass die *personnages* dieser Mysterien *sans parler* waren.' 'Auch die *stummen* Spiele der *Entremets* und *Tableaux* entwickelten sich in dieser zweiten Periode des mittelalterlichen Schauspiels zu noch grösserer Pracht und Mannigfaltigkeit . . . Interessant ist zunächst, dass in den Tableaux das ganze ernste mittelalterliche Schauspiel sich damals vertreten findet: neben Mysterien des neuen und alten Testaments werden auch Heilige, und selbst Szenen aus Miracles vorgestellt, nicht minder ferner allegorische Personen, teils bloss symbolisch gruppirt, teils zu einer Handlung vereinigt; selbst Parabeln fehlen nicht, wie die des Sämanns.' Dargestellt wurden die Tableaux von allen denen, die im Mittelalter sich zur Aufführung von Dramen vereinigten, von Genossenschaften wie der Basoche und der Confraterie de la Passion in Paris, den Puys in den Provinzialstädten, von Studenten, Klerikern, Klerken u. a.

Als Tableau muss also auch der Totentanz ursprünglich dargestellt worden sein; die Rollen waren stumm, die Personen bewegten sich aber im Tanzschritt nach dem Takte der die Aufführung begleitenden Musik der Orgel oder der Pfeiffer. Als sich dann die Gunst der Zeitgenossen dem redenden Schauspiele allseitiger zuwandte, musste man, leichtbegreiflich, veranlasst werden, die früher stummen

Rollen des Tableau in redende zu verwandeln. Der Dialog, den man ihnen gab, konnte jedoch nicht frei von dem Zwange sein, zu welchem der Umstand nötigte, dass die Personen des Totentanzes sich im Tanzschritte bewegten. Anderseits nötigte der Tanz nicht, dass die Personen stumm blieben, denn im Mittelalter wurde allgemein bei dem Tanze gesungen oder im Recitativ strophisch gesprochen. Entsprechend der Zahl der Takte, nach denen der Totentanzreigen geschritten wurde, musste der für ihn bestimmte Text strophisch abgefasst werden. So erklärt sich, dass das durch die Hinzufügung eines Textes aus dem Tableau entstandene Drama oder Singspiel vom Totentanze von den anderen Moralitäten sich durch seinen strophischen Dialog unterscheiden musste.

Bevor wir unsere Untersuchung schliessen, erübrigt noch die Frage: Wie haben wir uns die Entstehung des Tableau vom Totentanze zu denken? Das Tableau will auf das Auge wirken, die Kostüme waren für dasselbe eine Hauptsache. Aus der Absicht, die herrlichsten und mannigfaltigsten Trachten, welche das der historischen und ethnographischen Kostümkunde entbehrende Mittelalter kannte, in vollständiger Reihe den Zuschauern vorzuführen, ist in erster Linie die Entstehung des Totentanzes zu erklären.

Ein geschicktes Tableau muss jedoch von einem Gedanken beherrscht sein, welcher die Mannigfaltigkeit und den Wechsel der Kostüme zusammenhält und erklärt. Diesen Gedanken fand der Schöpfer des Tableau in der Allmacht des Todes über die Menschen, er gewann in der Gestalt des Todes zugleich die wirksamste Folie für alle übrigen Figuren. Dieser Gedanke und seine Ausführung durch das Tanzmotiv musste in zweiter Linie zu jener Absicht hinzutreten, um den ersten Totentanz entstehen zu lassen.

Wie der Verfasser des Tableau gerade zu dem Tanzmotiv kam, ist eine offene Frage, doch bereitet sie keine Schwierigkeit. Eine volkstümliche Redensart oder ein in der religiösen Dichtung des Mittelalters geschaffener bildlicher Ausdruck kann den Verfasser angeregt haben. Die mittelhochdeutsche Dichtung wie die mittelniederländische sind schon zu einer Zeit, die vor den Totentänzen liegt, reich an bildlichen Redensarten und Wendungen, wie z. B. nach der Pfeife des Todes tanzen oder von einem Reigen, an den alle müssen, um sich in das andere Land, d. h. ins Jenseits hinüber zu singen.[1] Ich zweifle nicht, dass auch die altfranzösische Dichtung Belege in reicher Zahl bieten würde. Jedesfalls ist es falsch, zur Herleitung des Totentanz auf entlegene, Nordfrankreich fremde Anschauungen oder gar Mythen zurückzugreifen. Auf den Gipfel ist die Urteilslosigkeit getrieben, wenn man mit dem Nachweise, dass in einem 1809 entdeckten etru-

[1] Dergleichen Wendungen aus deutschen und z. T. niederländischen Dichtern des Mittelalters sind bei Wackernagel kl. Schriften 1, 311 ff. gesammelt.

rischen Grabe aus dem Altertume ein paar tanzende Skelette in Stuckrelief abgebildet waren, die Entstehung des Totentanzes erklären helfen will. Auf den Verfasser des ersten Totentanzes, der im 14. Jahrhundert gelebt hat, kann doch unmöglich eine antiquarische Kuriosität aus vorchristlicher Zeit von Einfluss gewesen sein, ganz abgesehen davon, dass der mittelalterliche Totentanz kein Tanz von Skeletten, sondern der Tanz einer allegorischen Todesfigur mit lebenden Menschen ist, die erst durch den Tanz dem Grabe zugeführt werden. Nicht minder verkehrt hat man, durch die gleiche Benennung wohl verleitet, die aus Schlesien vom Jahre 1406 berichtete Aufführung eines 'Totentanzes' herangezogen. 'Er begann mit Jubel und Jauchzen aller Anwesenden, die nur Lust hatten, mit zu tanzen. Plötzlich verstummte die Musik, und ein Jüngling oder Mädchen fiel in die Mitte der Stube und stellte sich tot. Ein dumpfer Totengesang erscholl von allen Lippen. Mit abwechselnden Sprüngen näherte sich eine Person nach der andern dem Toten und küsste ihn, indess sich dieser nicht regen durfte. Waren die Tänzer alle durch, so erhob sich auf einmal wieder die Musik in frohen Tönen, und der Tote stand auf.' Dieser 'Totentanz' gehört in eine Geschichte der Gesellschaftsspiele, mit dem Totentanze der Kunst- und Litteraturgeschichte hat er nichts gemein.

Die nüchterne methodische Untersuchung wird vermeiden, durch kein erkennbares oder nachweisbares Zwischenglied vermittelte, weit von einander abliegende Momente zu verknüpfen, sondern Schritt für Schritt vorwärts zu gehen suchen. Die so gewonnenen Ergebnisse werden allein Anspruch auf Beachtung haben. Dieses schrittweise Vordringen in das Dunkel der Vergangenheit auf Bahnen, die der Gegenstand selbst und die Litteraturgeschichte andeuten und begrenzen, ist in den vorangegangenen Untersuchungen, wie ich hoffe mit Erfolg, erstrebt worden.

Die Danse macabre.

Für den Totentanz hat die französische Sprache den besonderen, zuerst im 14. Jahrhundert auftauchenden Ausdruck *danse macabre*. Im engeren Sinne bezeichnet man mit ihm den einzigen Totentanztext, der sich aus dem Mittelalter in französischer Sprache erhalten hat. Er liegt in zwei Fassungen vor. Diese unterscheiden sich dadurch, dass die kürzere nur 30 Tanzgruppen hat, während die umfangreichere dieselben Gruppen bietet, ausserdem aber noch zehn andere zwischen jene einschiebt. Sämmtliche Personen beider Fassungen sind männlich, diese werden deshalb auch als *Danse macabre des hommes* zum Unterschiede von der *Danse macabre des femmes* bezeichnet. Letztere ist eine jüngere, zuerst i. J. 1486 gedruckte Nachahmung und kann ausser Betracht bleiben. Dasselbe gilt für diejenigen Strophen, welche die erweiterte Fassung der *Danse macabre des hommes* allein bietet. Diese ist nämlich, wie sich aus der Vergleichung mit den alten Uebersetzungen mit Sicherheit ergiebt, aus der kürzern Fassung durch Zusätze jüngeren Ursprungs entstanden.

Die kürzere Fassung der Danse macabre hat einst dem Totentanze angehört, der i. J. 1424 und 1425 an die Kirchhofsmauer des Klosters *Aux Innocents* in Paris gemalt war. Es wird das nicht allein durch die Ueberschrift in zwei Handschriften bezeugt, welche *Dictamina choree macabre prout sunt apud Innocentes Parisius* und *La dance macabre prout habetur apud S. Innocentem* lauten, sondern auch durch die englische Uebersetzung, welche der Mönch Lydgate bald nach 1425 für das alte St. Pauls-Kloster in London angefertigt hat. In den die Uebersetzung einleitenden Strophen heisst es nämlich:

Considereth this ye folkes that been wise
And it imprinteth in your Memorial,
Like thensample which that at Parise,
I found depict ones in a Wall,
Full notably as I rehearse shall,
Of a French clerke taking acquaintance,
I took on me to translaten all
Out of the French Machabrees Daunce ....
By ensample that thei in her entents,
Amend her life in every maner age,
The which daunce at Saint Innocents
Portrayed is with all the Surplusage etc.

Der Totentanz des Klosters Aux Innocents ist nach dem bereits S. 14 angeführten, jeden Zweifel ausschliessenden Zeugnis eines Zeitgenossen in den Jahren 1424 und 1425 hergestellt worden.

Aelter als dieses Totentanzgemälde oder die von dem Maler für dasselbe angefertigte Skizze kann auch der Text der Danse macabre nicht sein. Während sich nämlich für das Vorbild des Lübecker Totentanzes von 1463 ergab, dass der Text das ursprüngliche, das Gemälde das spätere war, lässt sich umgekehrt für die Danse macabre erweisen, dass bei ihr der Text zur Erläuterung des Bildes hergestellt ist.

Es ergiebt sich das mit besonderer Deutlichkeit aus Strophe 43. Während im Zwiegespräche des Todes mit den Menschen sonst immer nur der Tod und der von ihm zum Tanze gerade aufgeforderte Mensch zu Worte kommen, erscheint hier plötzlich eine ausserhalb des Zwiegespräches stehende dritte Strophe, welche einem *Povre homme* zugeteilt und erst durch das Bild verständlich wird. Der Maler hat nämlich neben den Wucherer einen armen Mann gemalt, welchem jener in dem Augenblicke Geld leiht, als er selbst vom Tode abgeholt wird. Der Zweck der vom Maler hinzugefügten Figur ist deutlich, es soll durch sie erkennbar werden, dass der dem Tode verfallene Mensch ein Wucherer ist. Im Texte wird dieser einfach dadurch kenntlich, dass er vom Tode als 'Wucherer' angeredet wird. Wenn trotzdem der arme Mann seine besondere Strophe erhält, so erklärt sich das nur daraus, dass der Dichter jeder Figur des Gemäldes seine Strophe zuschreibt, selbst dem '*Roy mort tout nu couchié*' zu Schluss. In der diesem gehörenden Strophe wird sogar ausdrücklich auf das Gemälde hingewiesen, indem sie mit den Worten *Vous qui en ceste portraiture Veez dancer estas divers* beginnt. Dass der Dichter den Text verfasst hat, damit er gelesen werde, zeigen die Worte: *En ce miroer chascun peut lire* (Strophe 2 v. 1).

Trotz der deutlichen Hinweise, die das Gedicht dafür bietet, dass es gelesen werden soll und dass es sich auf ein Gemälde bezieht, ist in Frankreich die Annahme verbreitet, dass es der Text des alten Drama vom Totentanze sei. Diese Annahme ist lediglich durch den irrigen Bezug dieser Danse macabre auf die alten Nachrichten von Aufführungen des Totentanzes eingegeben und bedarf, nachdem in den vorigen Abschnitten eine andere, dramatische Danse macabre nachgewiesen ist, keiner weiteren Widerlegung.

Als für den berühmten Kirchhof des Klosters Aux Innocents 1424 ein neuer Totentanz nach dem Vorbilde der alten Danse macabre des 14. Jahrhunderts gemalt werden sollte, muss man sich des Widerspruchs, in welchem der dramatische Text zu dem Gemälde stand, bewusst gewesen sein. Man erachtete einen neuen Text für nötig, der im Einklange mit dem Bilde war und gleichzeitig erhöhteren Ansprüchen an den Gedankeninhalt gerecht wurde.

Dichter und Maler müssen die neue Danse macabre im Einverständnisse mit einander hergestellt haben. Und wie der Maler ein älteres Bild des Totentanzes, so muss der Dichter den alten Text gekannt und benutzt haben.

Dass wie die alte so auch die neue Danse macabre achtzeilige Strophen bietet, wird nicht mehr als Zufall erscheinen, wenn man die Reimbindungen der altspanischen Danza de la muerte vergleicht.

Danza de la muerte: a b a b b c c b
Danse macabre: a b a b b c b c

Da sich die Strophenform der Danza de la muerte in den übrigen Denkmälern der altspanischen Dichtkunst nicht wiederfindet, liegt die Annahme nahe, dass der spanische Dichter auch in Bezug auf sie seine altfranzösische Vorlage, die Danse macabre des 14. Jahrhunderts, treu nachgeahmt, und diese bereits dieselben Reimbindungen geboten hat.

Beweisend ist, dass die jüngere wie die ältere Danse macabre genau mit denselben Worten beginnen. Die alte Dichtung aus dem 14. Jahrhundert beginnt in der erhaltenen mittelniederdeutschen Uebersetzung oder Umarbeitung:

Och redelike creatuer

Die Danse macabre v. J. 1425:

O creature roysonnable

Wie dieser Anfang aus der alten Danse macabre des 14. Jahrhunderts in die uns erhaltene von 1425 wörtlich übernommen ist, so ist in die Neubearbeitung wenigstens an einer Stelle auch eine Spur der formellen Eigentümlichkeit des alten Originals übergegangen, dass der Tod in derselben Strophe der früheren Person antwortet und die folgende Person anredet. In den ersten Versen der Strophe, welche nach der sonst durchgeführten Regel vom Tode an den Kartäuser allein gerichtet sein sollte, antwortet jener nämlich zunächst dem Kaufmann und wendet sich dann erst an den Kartäuser:

> Alez, marchant, sans plus rester,
> Ne faites ja cy residence!
> Vous n'y povez rien conquester.
> [z. *Kartäuser:*] Vous aussi, homme d'astinence,
> Chartreux, prenez en pacience
> De plus vivre n'ayez memoire.
> Faictes vous valoir a la dance!
> Sur tout homme mort a victoire.

Die Danse macabre von 1425, die altspanische Danza de la muerte und der lübisch-revalsche Totentanz sind also aus einer gemeinsamen Quelle, der Danse macabre des 14. Jahrhunderts, abgeleitet. Alle drei haben aus dieser Quelle gewisse Eigentümlichkeiten und mitunter auch den Wortlaut übernommen. Während aber der altspanische und mittelniederdeutsche Text die Form ihrer Quelle beibehalten haben, bietet die Danse macabre von 1425 eine vollständige Umarbeitung.

Etymologie des Wortes Macabre. Von den vielen Deutungsversuchungen des Wortes Macabre verdienen nur zwei Beachtung. Nach der einen soll *Macabre* eine alte Vulgärform des Wortes *Machabée* 'Makkabäer' sein. Diese Deutung bietet die in Troyes 1728 gedruckte, in modernes Französisch umgesetzte Danse macabre, welche im Prologe den ursprünglichen Ausdruck *la dance macabre* mit *la danse des Machabées* wiedergiebt. Gelehrte Geltung erhielt diese Deutung, als Carpentier in seinen Nachträgen zu Du Cange's Glossar in der S. 15 angeführten Stelle die *chorea Machabæorum* als 'danse macabre' erklärte.

Nach der anderen von Van Praet aufgestellten Etymologie ist das Wort Macabre dem von den Mauren in Spanien gesprochenen Arabischen entlehnt. Es lautet in dieser Sprache *maqābir* 'Gräber, Kirchhof' (Plural von *maqbara* 'Grab'), ein Wort, das in Portugal in der Form *al-mocavar*[1]) und in gewissen Gegenden Spaniens als *macabes*[2]) oder *almocaber*[3]) sich in der Volkssprache erhalten hat. Ferner weist Ellissen (S. 80) darauf hin, dass arabisches *tanz-d-makabiri* 'Kirchhofsspiel' dem französischen *danse macabre* zu Grunde liegen möge.

Ein Urteil über die Wahrscheinlichkeit der einen oder anderen Etymologie wird nur mit Hilfe der Belege und der Geschichte des Wortes *Macabre* gewonnen werden können.

Im Prologe der Danse macabre von 1425 erscheint es in den Versen

> La dance macabre s'appelle,
> Que chascun a danser apprant.

---

[1]) *macabre* 'toll', im Portugiesischen Wörterbuche von H. Michaelis verzeichnet, dürfte aus dem Neufranzösischen entlehnt sein.

[2]) Roque Barcia, Primer diccionario general etimologico de la lengua Española T. 3 (Madrid 1881), S. 522.

[3]) Lammens, Mots français dérivés de l'arabe. Bayrouth 1890, S. 149.

Noch älter ist der bereits S. 11 gegebene Beleg aus dem *Respit de mort*

> Je fis de macabree la dance,
> Qui toute gent maine a sa trace
> Et a la fosse les adresse.

Lydgates englische Uebersetzung aus der ersten Hälfte des 15. Jahrhunderts bietet *Machabrees daunce* und *Daunce of Machabree*[1]). Die drei letzten Stellen beweisen, wogegen die erstangeführte nicht streitet, dass *Macabre* ursprünglich Substantiv war. In den S. 14 mitgeteilten Stellen des *Journal d'un bourgois*, in der bald nach 1434 von Guillibert von Metz verfassten *Description de Paris sous Charles VI*,[2]) in den Ueberschriften der Handschriften und auf den Titelblättern der alten Drucke begegnet die Verbindung *La danse macabre* augenscheinlich bereits als feststehende Formel, deren Entstehung sich aus den eben angeführten Worten des Prologs leicht erklärt. Diese Formel ist Ursache, dass *macabre* heute als Adjectiv aufgefasst und gebraucht wird, trotzdem die ursprüngliche Bedeutung 'der Tanz Macabre' war, also auch in dieser Formel das Wort die Geltung eines Substantivs, als Name des Tanzes, hatte.

Die späteren Drucke haben auf ihren Titelblättern die Formel *la danse macabre* festgehalten, doch muss schon zu Ende des 15. Jahrhunderts und im 16. Jahrhundert das Wort *macabre* nicht mehr allgemein verständlich gewesen sein[3]). Im 17. Jahrhundert sprachen von den Parisern die einen *La danse macabré*, die anderen *La danse macabée*. Es ist dieses den *Curiositéz francoises, par Antoine Oudin (Paris 1640)* zu entnehmen, in welchen es S. 314 heisst: L a d a n s e Macabée *ou plus vulgairement* Macabré . *i* . *la mort: on dépeint vne danse où des squelets meinent danser toutes sortes de personnes.*

Die heutige Volkssprache kennt die Form *macabre* nicht mehr, nur in der 'Langue verte' der Druckereien begegnet sie noch mit der Bedeutung *'mort'*[5]). Das Argot[6]) der Pariser bietet nur *macabée*,

---

[1]) Die Ueberschriften in den Abdrücken der englischen Uebersetzung und somit auch die Worte *Machabree the Doctour* über einer der letzten Strophen sind spätere Zuthat, also nicht als alte Belege zu verwerten.

[2]) *Illec* (am Kloster Aux Innocents) *sont paintures notables de la Dance macabre, avec escriptures pour esmouvoir les gens à dévocion.* Le Roux de Lincy et Tisserand, Paris et ses historiens (1867) S. 193.

[3]) Es ist dieses daraus zu folgern, dass D e s r e y in seiner lateinischen Uebersetzung der Danse macabre das Wort Macaber für den Namen des Dichters hält. Ferner bietet von den Handschriften des *Journal d'un bourgois* nur die ä l t e s t e, welche noch dem 15. Jahrhundert angehört, die Schreibung *la dance macabre,* während die j ü n g e r n Handschriften aus dem 16. Jahrhundert *la danse machabée* und *la danse maratre* einsetzen.

[4]) Vgl. Ant. O u d i n, Recherches italiennes et françaises ou Dictionnaire. Paris 1655, S. 385. *'La danse Machabée: danza delli morti.'*

[5]) In den deutschen Buchdruckereien bedeutet 'Leiche' die Auslassung eines oder mehrerer Worte im Drucksatze.

[6]) Vgl. L a r c h e y, Nouveau supplément du dictionnaire d'Argot. Paris 1889, S. 143. — L a r c h e t, Dict. histor. d'Argot. 7. éd. Ebd. 1878. — R i g a u d, Dict. du jargon Parisien. Ebd. (1878). — D e l v e a u, Dict. de la langue vert. Nouv. éd., par Fustier. Ebd. (o. J.).

machabée. Von den Totengräbern werden *mauvais macabées* die nach dem billigsten Tarifsatze bestatteten Leichen genannt, bei den Studenten heissen die Leichen der anatomischen Institute, bei den Schiffern alle auf der Seine treibenden Leichen und Tiercadaver *macabées*. In der gebildeten Sprache bezeichnet dieses Wort bekanntlich die alttestamentlichen Makkabäer[1]).

Auf den ersten Blick scheint Alles für die Herleilung des Wortes *macabre* von *Machabée* 'lateinisch *Maccabæus*' zu sprechen. Die Möglichkeit der sprachlichen Nebenform ist nicht zu läugnen. Das Argot des Parisers giebt diese Etymologie an die Hand. Und vor Allem jener alte Beleg der *Chorea Machabæorum!*

Aber mit welchem Rechte erklärt man denn jene *Chorea Machabæorum* als 'Danse macabre' und warum übersetzt man nicht wörtlich 'Tanz der Makkabäer'? Der Grund ist. weil die Legende von dem martervollen Tode der sieben makkabäischen Brüder und ihrer Mutter keine Möglichkeit bietet. irgend eine Darstellung derselben sich in Form einer Chorea. eines Tanzreigens, zu denken. Offenbar müsste derselbe Grund die Möglichkeit ausschliessen. jene chorea auf die Danse macabre zu deuten. um so mehr. als diese weder die geringste Aehnlichkeit mit der Legende von den Makkabäern noch überhaupt einen einzigen Bezug auf diese bietet. Darf sich doch keine Etymologie ausschliesslich auf die sprachliche Form stützen, es muss das sachliche Moment der gleichen Bedeutung oder die Möglichkeit des Bedeutungsüberganges berücksichtigt werden. Um dieser Forderung gerecht zu werden. hat man zur Stütze jener Etymologie zu einer höchst künstlichen Hypothese gegriffen. 'Es scheint', sagt W. Wackernagel. 'dass die in der Legende so genannten Makkabäer, d. h. die sieben Brüder sammt der Mutter und Eleasar, die unter Antiochus Epiphanes den Märtyrertod gelitten (2. Makkab. cap. 6 und 7), eine Rolle in ihnen (den Totentänzen) und eine vorzügliche Rolle gespielt haben. falls man nicht bloss die Aufführung zuerst an deren Fest verlegte: nur so oder so erklärt sich der in Frankreich altübliche Name *la danse Macabre, chorea Machabæorum.*' Keine dieser beiden Vermutungen erscheint haltbar, und mit ihnen muss auch die Etymologie fallen. die sich auf sie stützt. Wenn die Legende von den Makkabäern in der ursprünglichen Fassung des Totentanzes eine vorzügliche Rolle gespielt hätte. so würden Spuren davon in dem aus jener ursprünglichen Fassung hervorgegangenen Totentanze in Lübeck oder in der altspanischen Danza general zu finden sein. Was ferner die vermuteten Aufführungen am Makkabäertage, also am ersten August, betrifft. so haben wir von keiner einzigen Aufführung an diesem Tage Kunde. wohl aber ist überliefert. dass jene *Chorea Machabæorum* in

[1]) Ausserdem wird *machabée* noch als Spitzname der Juden und in Valognes (Dep. Manche) der Obsthökerinnen gebraucht. Le Hericher, Etymologies difficiles. Avranches 1886. S. 109.

Besançon am 10. Juli, dem Tage der unschuldigen Kindlein, stattgefunden hat. Uebrigens verliert die Vermutung einer festlichen Feier des Makkabäertages an Boden, weil von den Hunderten von Klöstern, Kirchen und Kapellen im alten Paris, trotzdem doch gerade in dieser Stadt die Bezeichnung *Danse macabre* Geltung hatte, kein einziges Kloster, keine einzige Kapelle den Makkabäern gewidmet war.[1])

Auch jene ältesten Belege des Wortes Macabre wollen nicht recht zu der Etymologie stimmen. Ausnahmslos bieten sie den Singular, während man doch, wenn *macabre* eine Vulgärform für *Machabée* wäre, im Respit de mort statt *Je fis de macabree la dance* den Plural *Je fis des Macabrees la dance* erwarten sollte. Den Vers *La dance macabre s'appelle* müsste man 'Der Tanz heisst Makkabäer' übersetzen. Wie wenig bedeutungsvoll ist dieser Ausdruck im Vergleich zu der durch die andere Etymologie gebotenen Erklärung: 'Der Tanz, den jeder erlernen muss, heisst Sterben (eigentlich Tod oder Grab)!'

Man wird, um die alte Bedeutung zu gewinnen, von der S. 25 gegebenen Zusammenstellung der Belege ausgehen müssen. Daraus ergiebt sich, dass in Paris bis Ende des Mittelalters ausnahmslos die Form *macabre* lautet, im 17. Jahrhundert erscheint neben *macabre* in gleicher Bedeutung *macabée* als Nebenform, die letztere Form allein lebt weiter im Argot. Entweder muss *machabée* in alter Zeit durch fehlerhafte Aussprache zu *macabre* entstellt oder ursprüngliches *macabre* volksetymologisch zu *machabée* umgedeutet sein. Die Annahme einer solchen Volksetymologie ist an sich ohne Bedenken. *Macabre* ist ein absonderliches, schon im 15. Jahrhundert nicht allgemein verständliches Wort. Man deutete es um zu *machabée*, das durch die Legende von den Makkabäern volkstümlicher war, wie man hundert andere unverständlich gewordene Worte volksetymologisch mit bekannteren Worten ganz anderer Etymologie zusammenbrachte.[2])

Wenn einerseits in späterer Zeit und in der Provinz (wie in dem Berichte über die Chorea Machabæorum in Besançon) *macabre* leicht zu *machabée* umgedeutet werden konnte, so liegt die Sache gerade umgekehrt, wenn man *macabre* für eine vulgäre Entstellung von *Machabée* hält. Es erscheint nicht wahrscheinlich, dass der Kleriker, welcher die Danse macabre verfasst hat, und der gelehrte Jehan le Fevre, sowie alle alten Berichterstatter an Stelle der richtigen Form *machabée*, die ihnen bekannt und geläufig gewesen sein muss, eine vulgäre Entstellung derselben gebraucht haben. Um so weniger ist das anzunehmen, als diese vorausgesetzte Vulgärform überhaupt bei gelehrten Schreibern des 14. und 15. Jahrhunderts gar nicht nachzuweisen scheint.[3])

[1]) Vgl. Bordier, Les églises et monastères de Paris. Paris 1856.

[2]) So wurde persisch *ferz* 'Feldherr (Königin im Schachspiel)', altfrz. *fierce, fierche, fierge,* neufrz. als *vierge* umgedeutet und zur *dame* oder *reine* gemacht, und dementsprechend lat. als *virgo, domina, regina* bezeichnet. Vgl. Andresen, Volksetymologie. 5. Aufl. S. 40.

[3]) Wenigstens finde ich in den von mir nachgeschlagenen lexikalischen und grammatischen Werken nur einen einzigen und darum zweifelhaften Beleg und zwar aus einer profanen Handschrift des 13. Jahrhunderts, vgl. Perceval le Gallois p. p. Potvin, v. 34624 *Judas Macabré.*

Ja, sie muss ihnen als Nebenform von *machabée* geradezu unbekannt und unverständlich gewesen sein. Als Beweis lässt sich die Ueberschrift einer Pariser Handschrift (F. 25550) des 15. Jahrhunderts *Dictamina choree macabre* anführen. Wäre *macabre* gleich *machabée*, so hätte der Schreiber entweder *choree machabee* (= *machabææ*) übersetzt oder doch *macabree* flectirt.

Man wird aus diesen Gründen trotz der theoretischen Möglichkeit des sprachlichen Uebergangs nicht annehmen dürfen, dass *macabre* aus *machabée* entstanden sei, sondern der anderen Etymologie zuneigen, wonach *macabre* gleich dem spanischen *macabes* dem Arabischen der spanischen Mauern entlehnt ist und ursprünglich 'Grab' oder 'Kirchhof' bedeutet hat. Angesichts des Totentanzgemäldes in Paris, an welchem das Wort haftete und durch welches es sich gerade in Paris erhielt, vollzog sich dann der Bedeutungsübergang zu 'der Tod', den Oudin's Curiositéz 1640 belegen, und schliesslich im späteren Argot zu 'der Tote' oder 'Leichnam'.[1])

Man könnte gegen die Herleitung von einem maurisch-spanischen Worte einwenden, dass die französischen Lehnworte orientalischer Abstammung gewöhnlich Produkte und Dinge betreffen, die dem Orient entstammen, also bei denen mit der Sache der Name übernommen sei. Allerdings liegt bei *macabre* der Fall anders. Hier erklärt sich die Möglichkeit der Uebernahme aus einer geschichtlichen Thatsache. Unter der Führung des berühmten Bertrand du Gueselin hatten sich 1366 einige Tausend französischer und englischer Söldner nach Spanien begeben und waren hier mehrere Jahre geblieben, um den Grafen Heinrich von Transtamare in seinen Kämpfen gegen Pedro den Grausamen und die ihm verbündeten Mauren zu unterstützen. Man wird annehmen dürfen, dass durch diese im Jahre 1370 nach Frankreich zurückgekehrten Massen das Wort *macabre* nach Paris gebracht ist, wo das Wort bereits 1376 nachweisbar ist. Ob jene Söldner ausser dem Worte auch die älteste Form des Totentanzes, die mimische Darstellung desselben, eine maurisch-spanische *tonz-d-makabiri,* in Spanien kennen gelernt und nach Frankreich übertragen haben können, wage ich nicht auszumachen. Für die Entscheidung dieser Frage fehlt es noch an Vorarbeiten.

Der Verfasser der Danse macabre. Mitten unter Schriften, deren Verfasser Johannes Gerson ist, sollen zwei Handschriften die Danse macabre bieten. Ob die aus diesem und einem andern Grunde von P. Lacroix[2]) gezogene Folgerung, Gerson habe auch die Danse macabre verfasst, richtig sei, wird nur mit Hilfe von Untersuchungen, die mir nicht möglich sind, entschieden werden können. Dagegen lässt sich vielleicht geltend machen, dass Gerson seit 1415 fern von Paris gelebt hat und sich in seinen Briefen keine Erwähnung der

[1]) Auch nd. heisst es ursprünglich *Dodesdans,* später *Dodendans.*

[2]) Bibliophile illustré T. 1 (15 mai) London 1862, doch kenne ich den citirten Aufsatz nur aus dem Hinweise bei Dufour, Dance macabre. Paris 1874, S. 87.

Danse macabre findet. Anderseits scheint die Subscription von Carbonells spanischer (catalonischer) Uebersetzung einen neuen Hinweis zu bieten, dass nach der Tradition des 15. Jahrhunderts Gerson an der Abfassung der Danse macabre beteiligt war. Jene leider confuse Subscription lautet *Aquesta Dança de la Mort ha compost un sanct home doctor e canceller de Paris en lengua francesa appellat Joannes Climachus sive Climages a pregaries* (d. h. 'auf Bitten') *de alguns devots religioses francesos.* Die Worte *Doctor e canceller de Paris Joannes* können nur auf Johannes Gerson bezogen werden, während der dann folgende Name offenbar Gersons Freund Nicolaus de Clemangis meint, der 1425 im Collegium Narbonense in Paris Eloquenz und Theologie vortrug, aber weder Doctor noch Kanzler der Universität gewesen ist. Seine Lebensbeschreibung und seine Briefe scheinen zur Lösung der Frage, ob er in Gemeinschaft mit Gerson den Text der Danse macabre bearbeitet habe, Nichts zu ergeben.[1])

Die alten süddeutschen Totentänze.

Vierzeilige Totentänze. Von allen Totentänzen Süddeutschlands war der älteste und der berühmteste der Basler. Er ist zweimal vorhanden gewesen, an der Kirchhofsmauer des Predigerklosters in Grossbasel und im Kloster Klingenthal in Kleinbasel. Beide waren ursprünglich in Bezug auf Zeichnung und Text einander gleich und sind ohne Zweifel von demselben Maler hergestellt. Verschiedenheiten zwischen ihnen sind erst später durch die Veränderungen entstanden, welche bei den Erneuerungen der alten Bilder vorgenommen wurden. Sie sind bald nach dem Jahre 1437 gemalt, doch weiss man das Entstehungsjahr nicht genau anzugeben. Man hat an 1439 gedacht, weil dieses ein Pestjahr war, ältere Schriftsteller gaben 1441 an, ohne jedoch Gründe hierfür anzuführen. Wichtiger als die Jahreszahl muss der Umstand erscheinen, dass die Entstehung in die Zeit des von 1431 bis 1448 in Basel zusammengetretenen Concils fällt. Der Teil des Klingenthals, welcher den Klein-Basler Totentanz enthielt, war 1437 erbaut worden. Es muss fast mehr als wahrscheinlich erscheinen, dass die Leiter des Kirchenbaues mit auswärtigen Prälaten, die zum Concil gekommen waren, über ihren Neubau gelegentlich ins Gespräch gekommen sind, und dass einer der fremden Geistlichen die Anregung gab, nach dem Muster eines ihm bekannten Totentanzes auch im Klingenthal und im Predigerkloster einen solchen zu malen. Jedesfalls ist es Thatsache, dass bald nach 1437 ein vom Niederrhein gebürtiger Maler beauftragt wurde, nach einem auswärtigen von ihm besichtigten

---

[1]) Vgl. J. Launoy, Academia Parisiensis. Parisiis 1682, S. 558 ff.; A. Müntz, Nicolas de Clémenges. Thèse. Strassbourg 1846; Nicolai de Clemangiis Opera ed. J. Lydius. Lugduni Bat. 1613.

oder ihm nur beschriebenen Vorbilde einen Totentanz in Basel zu malen. Sein Vorbild ist vielleicht die Dance macabre der Sainte-Chapelle in Dijon gewesen. Sicher war es ein französischer Totentanz und zwar in einer anderen Fassung, als die Pariser Danse macabre bot. Er muss nämlich mit der alten Danse macabre des 14. Jahrhunderts identisch oder aus dieser unmittelbar umgestaltet gewesen sein.

Aus den erhaltenen Copien lässt sich erkennen, dass der Maler recht grobe Verstösse gegen die Richtigkeit der Zeichnung begangen hat. Nichtsdestoweniger sicherten seinen Werken deren Idee und Grossartigkeit ihre volle Wirkung. Sie sind später von Einfluss gewesen auf die Entstehung von Holbeins berühmten Totentanzbildern und waren schon vorher das Muster, nach welchem andere süddeutsche Städte ihre Totentänze malen liessen. Ferner geht auf sie die Entstehung eines Werkes der Holzschneidekunst aus der Mitte des 15. Jahrhundert zurück, welches einen gegen das Basler Vorbild mit 38 Tanzpaaren um 14 Gruppen verkürzten Totentanz bietet.

Die grob geschnittenen Figuren ahmen die Basler nur nach, ohne eine Copie zu bieten[1], während der Text, der später auch handschriftliche Verbreitung und monumentale Verwendung fand, von unwesentlichen Veränderungen der Lesart abgesehen, treu wiederholt ist.

Die vorstehenden Angaben über das Verhältnis des Basler Totentanzes zu seinem Vorbilde und den vierzeiligen Totentänzen mit nur 24 Tanzgruppen sind zum Teil neu, zum Teil den bisher geltenden Ansichten widersprechend. Sie bedürfen also der Begründung.

Der Text beginnt

O diser werlt wisheit kint

Diese Worte entsprechen dem Sinne nach vollständig den Anfangsworten der alten wie jüngeren Danse macabre und des alten niederländischen in niederdeutscher Bearbeitung erhaltenen Totentanzes (Siehe oben S. 23). Dort lauten sie *O creature raysonable*, hier *Och redelike creature*. Der niederdeutsche bezw. niederländische Ausdruck wäre von einem Süddeutschen mit *O redeliche creatiure* wieder zu geben gewesen. Wenn er statt dessen mit einer so ungelenken Konstruktion, wie sein Text bietet, diesen beginnt, so ist das ein Beweis, dass ihm der niederländische Totentanz unbekannt war und er auf eigene Hand eine Uebersetzung der französischen Worte *O creature raysonable* versucht hat.

Dass die Basler Totentänze zum Vorbilde nicht die Danse macabre vom Jahre 1425, sondern — mittelbar oder unmittelbar — die alte Danse macabre des 14. Jahrhunderts gehabt haben, ist zu folgern, weil sie in der Auswahl der Personen und sogar an einer Stelle im Wortlaute mit dem Lübecker Totentanze von 1463 grosse Uebereín-

---

[1]) Ein Beispiel ziemlich treuer Copie bieten die Figuren der Könige. Dass der Holzschneider nur freie Nachahmungen, keine Copien bietet, mag sich auch daraus erklären, dass er nicht angesichts des Originals, sondern aus dem Gedächtnis in seiner Werkstatt seine Holzschnitte herstellte.

stimmung zeigen. Im Lübecker Texte lauten nämlich die Worte des Kindes

O doet, wo schal ik dat vorstan,
Ik schal dansen unde kan nicht gan?

Diesen Worten entsprechen, wie schon Massmann hervorgehoben hat, der darum mit Wackernagel den Lübecker Text aus dem Basler ableiten wollte, in diesem die Verse

Wie wiltu mich also verlan?
Muoz ich tanzen und en kan nicht gan.

In Bezug auf die Personen ist zu bemerken, dass, abweichend von der Danse macabre von 1425, Lübeck und Basel den Prediger, die Kaiserin und Jungfrau gemeinsam haben. Man wird derartige Uebereinstimmungen in den Personen allerdings nur bei den ältesten Totentänzen mit heranziehen dürfen. Bei späteren Totentänzen haben Uebereinstimmungen in den Personen nur sehr bedingte Beweiskraft für die Bestimmung des Verwandtschaftsverhältnisses, denn, nachdem die Totentänze erst zahlreicher geworden waren, konnte jeder spätere leicht von mehr als einem Vorbilde Anregungen empfangen.

Die in den Totentänzen erscheinenden Personen werden auch für den Beweis herangezogen werden dürfen, dass nicht die Texte mit 24 Personen, wie man bisher annahm, die ältere Fassung bieten, sondern dass gerade umgekehrt jene Texte erst durch Kürzung der in Basel vorliegenden Fassung erst entstanden sind. In jenen Texten mit 24 Personen fehlen nämlich der Jüngling, Jungfrau, Wucherer und Pfeifer, also Personen, die wie der alte Lübecker Text in Uebereinstimmung mit der Danse macabre zeigt, bereits dem Vorbilde des Basler Totentanzes angehört haben.

Dass die Danse macabre der Sainte Chapelle in Dijon, die 1436 hergestellt war, das Vorbild für die c. 1437—41 gemalten Basler Totentänze war, lässt sich nur vermuten, nicht beweisen. Die Vermutung stützt sich darauf, dass zu jener Zeit noch nicht sehr viele Totentänze vorhanden waren und Dijon die Basel am nächsten gelegene französische Stadt ist, wo sich ein solcher bereits seit dem Jahre 1436 fand. Auch früher schon hatten die Basler Dijoner Malereien copiren lassen. Es ist nämlich überliefert, dass der Rat von Basel im Jahre 1418 dem Meister Hans Tieffenthal von Schlettstadt die Ausmalung der Kapelle des elenden Kreuzes um 300 Gulden übertrug und ihm dabei genau vorschrieb, was er malen soll, indem ihm als Muster eine Kapelle in Dijon genannt wurde.[1])

Achtzeiliger Totentanz. Der Text des alten achtzeiligen 'Totentanzes mit Figuren' ist eine Nachbildung der Danse macabre vom Jahre 1425. Während er mit keinem deutschen Texte an irgend einer Stelle im Wortlaute zusammentrifft, stimmt er, wie schon Massmann bemerkt hat, mehrmals mit der Danse macabre überein, z. B. beim Kinde.

[1]) Rahn, Geschichte der bildenden Künste in der Schweiz. (1876.) S. 648.

Dotendantz.

A a a, ich kan noch nyt sprechen.
Hude geboren hude muss ich uffbrechen.

Danse macabre.

A a a, je ne scay parler,
Enfant suis, j'ay la langue mu.
Hier naquis, huy m'en fault aller.

Ferner bietet der achtzeilige Totentanz zu Anfang zwei Strophen, welche einem Toten zugeschrieben sind. Ein entsprechendes Stück findet sich nicht in dem vierzeiligen Totentanze, wohl aber am Ende der Danse macabre, wo *un roy mort* in zwei Strophen den Beschauer des Gemäldes mahnt, sich an ihm eine Lehre zu nehmen.

Im Gegensatze zum Texte, dessen Verfasser die Danse macabre (vielleicht in einer Handschrift mit blossem Texte) benutzte, ist für die zugehörigen Figuren ein Totentanz das Vorbild gewesen, der dem Basler nahe verwandt war. Die allgemeine Aehnlichkeit zwischen den Basler Figuren und den Holzschnitten ist erkennbar, ohne dass sie durch treu wiederholte Einzelheiten sich leicht erweisen lässt. Der allgemeine Charakter der Totentanzgruppen ist derselbe, im Einzelnen ist auf das Beinhaus zu Anfang und den Prediger zu Schluss zu verweisen. Dem Vorbilde ist ferner die Anregung entnommen, den Todesgestalten — die in den übrigen Totentänzen lieber mit einer Waffe oder der Sichel erscheinen — Musikinstrumente in die Hand zu geben. Im Baseler Totentanze war das nur einigemal geschehen, in den Holzschnitten des achtzeiligen Textes trägt der Tod nur beim Kinde ein Spielzeug, sonst hat er in jeder Tanzgruppe ein Musikinstrument und zwar möglichst immer ein verschiedenes. Eigentümlich ist den Holzschnitten die bewusste burleske Komik. Man hat in den Totentänzen Ironie und Humor finden wollen. Wie ich glaube, mit Unrecht, was die älteren Totentänze betrifft. In diesen herrscht nur eintöniger frommer Ernst, auch dem Tanzmotiv lag nur ernste, allegorische Bedeutung zu Grunde. Die Holzschnitte des achtzeiligen Totentanzes dagegen sollen augenscheinlich durch komische Züge wirken, wenn z. B. eine Figur, sich gegen den Tod wehrend, diesem in den Haarschopf greift, oder eine andere ihn mit der Faust am Halse würgt und zugleich einen kräftigen Fusstritt vor den Bauch versetzt.

Dichtungsgattung. In Bezug auf den Charakter der Totentanztexte stehen sich die Ansichten der Litteraturhistoriker schroff gegenüber. Die Totentänze des Mittelalters, sagt Gödeke (Grundriss 1² S. 322) gingen aus Bildern hervor und wurden durch Reime erläutert. Andere, wie Gervinus und Scherer, zählen die Totentänze dagegen der dramatischen Gattung zu. Es handelt sich bei ihnen um die hochdeutschen Totentänze. In Bezug auf diese muss mit aller Entschiedenheit der dramatische Charakter in Abrede gestellt und Gödeke beigepflichtet werden.

Die Ansicht, dass die hochdeutschen Totentanztexte ursprünglich

Schauspiele gewesen sind, rührt von W. Wackernagel[1]) her, und ohne dass jemand ihre Gründe näher prüfte oder neue Stützen dafür beibrachte, ist sie mit Ausnahme Gödekes von den Litteraturhistorikern auf guten Glauben übernommen worden. Die Nachricht von Aufführungen des Totentanzes in Frankreich musste freilich die Frage nahelegen, ob nicht etwa auch die deutschen Totentänze als Dramen gedichtet und aufgeführt seien. Wackernagel bejahte diese Frage ohne Rücksicht auf alle Gründe, welche dagegen sich aus den Totentänzen selbst beibringen liessen, und ohne zu beachten, dass eine Aufführung des Totentanzes in Deutschland um 1500 zwar denkbar, ziemlich hundert oder, da Wackernagel noch an das Entstehungsjahr 1312 für den Klingenthaler Totentanz glaubt, gar zweihundert Jahr früher ohne jede Wahrscheinlichkeit wäre. Wackernagel stützt sich allein auf die angeblich dramatische Form. "Wo und wann dieses deutsche Drama zur öffentlichen Aufführung gekommen, wird zwar nirgend berichtet, von ihm so wenig als es bei andern zu geschehen pflegt: doch ist, dass solche stattgefunden habe, auch von ihm unzweifelhaft: dem Mittelalter war die Unnatur noch fremd, dergleichen bloss zu schreiben und zu lesen, nicht aber zu spielen." Es ist nicht einmal wahr, dass die dramatische Form im Mittelalter in jedem Falle die scenische Aufführung zur Absicht gehabt habe, er braucht nur an die Dramen der Hrotsuith, an das Spiegelbuch[2]) u. a. erinnert zu werden. Ganz falsch wäre es aber, von jeder die Form des Dialoges bietenden alten Dichtung zu behaupten, dass sie für die dramatische Darstellung verfasst sei. Es scheint nicht einmal nötig, Beispiele hierfür anzuführen.

Gegen den dramatischen Zweck sprechen folgende Gründe. Die Texte selbst enthalten Hinweise, dass sie zu Gemälden gehören. Vers 25. 26 des alten vierzeiligen Textes heisst es:

Als des gemældes figuren
Sint hie ein ebenbilt ze truren.

Aehnlich heisst es in dem achtzeiligen Totentanze v. 17 f.

Merkent nu und sehent an disse figure,
War tzu kommet des mentschen nature.

Zweitens. Es ist trotz des massenhaften urkundlichen Materiales, welches aus dem Mittelalter jetzt gedruckt oder ausgezogen vorliegt, keine *einzige* Stelle bekannt worden, welche irgend eine dramatische Aufführung eines Totentanztextes in Deutschland bezeugt. Drittens. Zu Anfang des 15. Jahrhunderts, also in der Zeit, wo die ältesten deutschen Totentanztexte verfasst sind, wurden, abgesehen von der nur auf Oster- u. dergl. Spiele beschränkten Mysterienbühne, überhaupt keine dramatischen Spiele in Deutschland agirt, welche soviele Rollen erforderten, als die Totentänze geboten hätten. Ausser den Mysterien kannte man damals überhaupt nur das Fastnachtspiel und den Fastnachtsaufzug.

---

[1]) Zeitschrift für deutsches Alterthum 9 S. 313 ff., kl. Schr. 1 S. 317.
[2]) Hrsg. von Rieger, Germania 16 (1871) S. 173 ff.

Die Lübecker Totentänze von 1489 und 1520.

Der Lübecker Totentanz von 1463 ist ein grosses Wandgemälde. Davon zu unterscheiden sind zwei Totentänze, welche in Lübecker Drucken von 1489 (neue Ausgabe 1496) und 1520 vorliegen. Der von 1489 enthält einen umfangreichen Text, nicht weniger als 1686 Verse, der von 1520 bietet nur 424 Verse. Beide stimmen stellenweise unter sich wörtlich überein und beide bieten Stellen, die auf Benutzung des Totentanzes von 1463 deuten. Der Totentanz von 1520 kann, nach Umfang und Form zu urteilen, wohl die gedruckte Copie eines monumentalen Totentanzes darstellen. Der von 1489 ist, wie sein Verfasser Vers 1681 hinreichend deutlich ausspricht, für die Buchform und den Druck von vornherein bestimmt gewesen und muss 1489 oder kurz vorher verfasst sein.

Die allgemeine Ansicht über das Verhältnis der Totentänze von 1489 und 1520 ist, der letztere sei ein Auszug aus dem älteren v. J. 1489.

In Wirklichkeit verhält sich die Sache ungefähr umgekehrt. Es wird sich beweisen lassen, dass der Totentanz von 1520 durch den Verfasser des Textes v. J. 1489 benutzt ist. Der Dichter des letzteren kann selbstverständlich nicht den uns erhaltenen Druck von 1520 in Händen gehabt haben, sondern muss seine Kenntnis des Textes aus einer Handschrift des 15. Jahrhunderts oder einem unbekannten alten Druck geschöpft haben.

Der Beweis für die von mir eben ausgesprochene Behauptung, dass der Totentanztext v. J. 1520 älter als der von 1489 und in diesem benutzt sei, lässt sich am kürzesten mit Hilfe des 'Zwiegespräches zwischen dem Leben und dem Tode' führen. Dasselbe ist i. J. 1484 in Lübeck gedruckt und in die 'mittelniederdeutschen Fastnachtspiele' aufgenommen worden.[1]) Unangemerkt ist geblieben, dass es mehrere wörtliche Uebereinstimmungen mit den beiden Totentänzen bietet.

Zwiegespräch. v. 61—64.
God sprack mit synem hilligen munde:
Waket unde bedet to aller stunde,
De dod sendet ju neynnen breff,
Mer he kummet slikende alse eyn deff.

Dodesdanz 1489. v. 143 f.
Hirumme waket, wente de dot sendet
ju nenen bref,
He kumt sliken recht so ein def.

Dodendantz 1520.
God sprickt mit synem hilgen munde:
Waket unde bedet to aller stunde,
De dot sendet juw nenen bref,
He kumpt slyken recht so eyn deff.

Zwiegespräch. v. 29 f.
Neen, ik wyl dy noch anders spreken,
Ick wil dy dyn herte thobreken.

Dodesdanz 1489. v. 1609 f.
Hir en mach nemant wedder spreken,
Einem isliken wil ik sin herte tobreken.

Dodendantz 1520.
Men ik wil dy anders to sprecken:
Holth an, ik wil dyn herte to breken.

[1]) Mittelniederdeutsche Fastnachtspiele, hrsg. von W. Seelmann. Norden 1885. S. 45 ff. Vgl. Vorrede S. 33 ff.

Aus der Vergleichung dieser Stellen aus den drei angeführten Werken ergiebt sich, dass der Wortlaut des Zwiegespräches im Totentanze von 1489 abgekürzt, in dem von 1520 vollständig wiederholt ist. Unmöglich kann also der Totentanz von 1520 ein blosser Auszug des Totentanzes von 1489 sein, wie Mantels und Baethcke angenommen haben. Da sich ferner für die Annahme, dass beide Totentänze unabhängig von einander dieselbe Quelle benutzt haben, keine Gründe beibringen lassen, so können nur folgende Möglichkeiten in Betracht kommen. Entweder ist das Zwiegespräch, das in einem Drucke von 1484 vorliegt, die Quelle, aus ihr hat der Verfasser des 1520 gedruckten Totentanzes geschöpft und diesen wieder der Dichter des Totentanzes von 1489 benutzt; oder dem Totentanz von 1520 sind von den Dichtern der beiden andern Werke unabhängig von einander jene Stellen entlehnt. Mag man sich für jene oder diese Annahme entscheiden, in jedem Falle ergiebt sich die Schlussfolgerung, dass der Text des Totentanzes von 1520 bereits dem Dichter des Textes v. J. 1489 vorgelegen hat, also älter als dieser ist.

Zu demselben Ergebnis gelangt man durch folgende Erwägungen. Der Verfasser des Totentanzes von 1489 hat, wie von seinem Herausgeber dargelegt ist, Gedanken und Worte vielfach aus älteren in Lübeck gedruckten Werken entlehnt. Wenn nun wirklich der Totentanz von 1520 ein Auszug aus dem von 1489 wäre, würde doch anzunehmen sein, dass auch eine oder die andere jener Entlehnungen mit übernommen wäre. Das ist jedoch nicht der Fall.

Der Verfasser des Totentanzes von 1489 hat also sowohl den alten Text von 1463 als auch das i. J. 1520 gedruckte Gedicht benutzt. Jenen muss er in der Marienkirche in Lübeck gesehen haben. Er folgte diesem Vorbilde, indem er erst den Menschen, dann antwortend den Tod sprechen lässt, er entnahm ihm die Reihenfolge der zuerst auftretenden Stände und hin und wieder einen Gedanken. Den anderen uns in einem Druck von 1520 erhaltenen Totentanz hat er in einer Handschrift oder in einem alten verschollenen Druck bequem zu Hause benutzen können. Dieser Text muss ihm, als er seinen Totentanz *heft gedicht unde laten setten,* wie er sich Vers 1681 ausdrückt, stets zu Händen und vor den Augen gewesen sein, denn er hat ihn an sehr vielen Stellen wörtlich ausgeschrieben und nicht minder häufig, was er kurz sagte, breiter ausgeführt.

In Bezug auf die Personenfolge lässt die nachstehende Uebersicht sein Verhältnis zu beiden Texten erkennen.

I. 1463	III. 1489	II. 1520
1. **Papst** *(s. III, 1)*	1. **Papst** *(s. II, 1)*	1. **Papst**
2. **Kaiser** *(s. III, 2)*	2. **Kaiser** *(s. II, 4)*	2. **Cardinal**
3. **Kaiserin** *(s. III, 3)*	3. **Kaiserin** *(s. II, 5)*	3. **Bischof**
4. **Cardinal** *(s. III, 4)*	4. **Cardinal** *(s. II, 2)*	4. **Kaiser**

I. 1463	III. 1489	II. 1520
5. König *(s. III, 5)*	5. König *(s. II, 6)*	5. Kaiserin
6. Bischof *(s. III, 6)*	6. Bischof *(s. II, 3)*	6. König
7. Herzog *(s. III, 7)*	7. Herzog *(s. II, 7)*	7. Herzog
8. Abt *(s. III, 8)*	8. Abt *(s. II, 8)*	8. Abt
9. Ritter *(s. III, 9, 11)*	9. Ordensritter *(s. II, 9)*	9. Kreuzherr
10. Kartäuser-Mönch *(III, 10)*	10. Mönch *(s. II, 13)*	10. Arzt
11. Edelmann *(s. III, 11)*	11. Ritter *(s. II, 14)*	11. Domherr
12. Domherr *(s. III, 12)*	12. Domherr *(s. II, 11)*	12. Pfarrherr
13. Bürgermeister *(s. III, 13)*	13. Bürgermeister *(s. II, 17)*	13. Mönch
14. Arzt *(s. III, 14)*	14. Arzt *(s. II, 10)*	14. Ritter
15. Wucherer	15. Junker *(s. II, 20, I, 22)*	15. Official
16. Capellan	16. Klausner *(s. II, 16, I, 20)*	16. Klausner
17. Kaufmann *(s. II, 19, III, 19)*	17. Bürger *(s. II, 22)*	17. Bürgermeister
18. Küster	18. Student *(s. II, 26)*	18. Nonne
19. Amtmann *(s. II, 25, III, 21)*	19. Kaufmann *(s. II, 19, I, 17)*	19. Kaufmann
20. Klausner *(s. II, 16, III, 16)*	20. Nonne *(s. II, 18)*	20. Junker
21. Bauer *(s. II, 27, III, 23)*	21. Amtmann *(s. II, 25, I, 19)*	21. Jungfrau
22. Jüngling	22. Werkmeister der Kirche	22. Bürger
23. Jungfrau *(s. II, 21, III, 26)*	23. Bauer *(s. II, 27, I, 21)*	23. Begine
24. Kind	24. Begine *(s. II, 23)*	24. Narr
25. —	25. Hofreuter *(s. II, 28)*	25. Amtmann
26. —	26. Jungfrau *(s. II, 21, I, 23)*	26. Student
27. —	27. Amtsknecht *(s. II, 29)*	27. Bauer
28. —	28. Amme mit Kind *(s. II, 30)*	28. Reiter
29. —	—	29. Amtsgesell
30. —	—	30. Amme mit Kind.

Von den 28 Ständen, welche der Totentanz von 1489 bietet, sind also die ersten vierzehn genau dieselben wie die ersten vierzehn im Totentanze der Marienkirche in Lübeck. Denn wenn an elfter Stelle der Edelmann des älteren Textes als weltlicher Ritter erscheint, so bedingt diese Abweichung keinen Unterschied des Standes. Vom Junker ab sind dagegen seine Personen mit der einzigen Ausnahme des Werkmeisters dem sechszeiligen Totentanze entnommen, doch hat er als Ordnungsprincip die Abwechslung geistlicher und weltlicher Personen möglichst festgehalten.

Zieht man die Holzschnitte, welche sich in den Drucken von 1489 und 1520 finden, in die Untersuchung, so scheint es eine sehr einfache und überraschende Ursache zu sein, warum der Verfasser des Totentanzes von 1489 in der Reihenfolge der Personen sich bis zur 14. Figur dem Totentanze in der Marienkirche angeschlossen, dann aber die Reihenfolge seines Vorbildes unbeachtet gelassen hat.

Die Holzschnitte, welche sich in den Totentänzen von 1489 (und 1496) wie 1520 (und seiner dänischen Uebersetzung) finden, sind nämlich von denselben Holzstöcken abgezogen.[1] Es unterliegt keinem Zweifel, dass dieselben Holzstöcke auch bereits zu jenem verschollenen Drucke benutzt sind, welcher die erste Ausgabe des Toten-

[1]) Vgl. die Litteratur-Uebersicht unter Dänemark.

tanzes von 1520 bot und der dem Verfasser des Textes von 1489 vorgelegen hat. Letzterer hat nun die Personen seines Todestanzes mit Rücksicht auf die Holzstöcke des von ihm benutzten Totentanzes von 1520 ausgewählt.

Er ist in seiner Anordnung dem Totentanze der Marienkirche bis zum Arzte gefolgt, weil er für diesen und alle vorhergegangenen Stände sich der Holzstöcke des Totentanzes von 1520 bedienen konnte. Auf den Arzt folgten in der Marienkirche Wucherer und Capellan. Für diese bot seine gedruckte Vorlage keine Holzstöcke. Er musste deshalb diese aus seiner Reihe auslassen. Dasselbe war der Fall mit dem Küster und Jüngling. An Stelle der fortfallenden setzte er Figuren seiner gedruckten Vorlage ein, wobei er jedoch thunlichst nach dem Princip des Totentanzes der Marienkirche geistliche und weltliche abwechseln liess. Ungelöst bleibt nur die Frage, woher er den Werkmeister entnommen hat. Vielleicht ergäbe sich die Antwort leicht, wenn man die Holzschnitte der Ausgaben, von denen je nur ein Exemplar (das von 1520 in Oxford) erhalten ist, nebeneinander vergleichen könnte.

Aus den Holzschnitten ergiebt sich mit annähernder Richtigkeit auch das Jahr, in welchem der nur in einem Drucke von 1520 erhaltene Totentanz zum ersten Male gedruckt erschienen ist. Die Holzschnitte bieten nämlich die Strichlagen des sogen. 'Lübecker Unbekannten', der nach den Ergebnissen von mir früher veröffentlichter Untersuchungen[1]) identisch mit Mattheus Brandis und zwischen d. J. 1487 bis 1499 in Lübeck und in Kopenhagen thätig gewesen ist. Da jener erste Druck bereits in dem Totentanze von 1489 benutzt ist, so ist er zwar *vor* diesem Jahre, wahrscheinlich aber nur ein oder zwei Jahre früher, erschienen.

Englische Totentänze.

In englischer Sprache ist nur ein vollständiger Totentanztext aus dem Mittelalter erhalten. Er ist von Lydgate verfasst und bietet eine freie Uebersetzung der Pariser Danse macabre v. J. 1425.

Daneben sind als Rest eines alten Totentanzes, welcher der Kathedrale von Salisbury angehört hat, folgende Verse erhalten:

Alasse Dethe alasse a blesfull thyng thou were
Yf thou woldyst spare us yn ouwre lustynesse
And cum to wretches that bethe of hevy chere
Whene thay ye clepe to slake their dystresse
But owte alasse thyne own sely selfwyldnesse
Crewelly werneth me that seygh wayle and wepe
To close there then that after ye doth clepe.

---

[1]) Seelmann, Der Lübecker Unbekannte. 'Centralblatt für Bibliothekswesen. Jg. 1 (1884).' S. 19—24. Vermehrt abgedruckt in den 'Mitteilungen des Vereins für lübeckische Geschichte 2 (1885) S. 11—19.'

Death answers:
Grossless galante in all thy luste and pryde
Remembyr that thou schalle onys dye
Deth schall fro thy body thy sowle devyde
Thou mayst him not escape certaynly
To the dede bodyes cast clown thyne ye
Beholde thayme well consydere and see
For such as thay ar such shalt thou be.

Bemerkenswert ist, dass zuerst der Mensch redet und darauf erst der Tod spricht. Dieselbe Folge lässt sich sonst nur in der spanischen Danza general de la muerte und im Lübecker Totentanze von 1463, also in den Totentänzen altertümlichster Gestalt nachweisen. Ferner zeigen die beiden erhaltenen Strophen, zu denen die Schlussverse zu fehlen scheinen, dieselbe Reimbindung, wie die ersten sieben Verse der spanischen Danza (vgl. S. 23)

Salisbury text:	a b a b b c c
Danza de la muerte:	a b a b b c c b
Danse macabre:	a b a b b c b c

Auch dieser Umstand deutet darauf, dass von dem Verfasser des englischen Textes die alte Danse macabre des 14. Jahrh. benutzt ist, nicht die jüngere v. J. 1425. Beweisen würden die leider mangelnden achten Verse der Strophen. Sie fehlen, sei es, dass sie als unterste Verse des Gemäldes unlesbar geworden waren, sei es, dass sie überhaupt nie vorhanden waren. Wäre der letztere Fall anzunehmen, so würde er sich daraus erklären, dass die in ihnen enthaltene Anrede an die nächstfolgende Person (vgl. S. 7 ff.) unverständlich oder entbehrlich schien.

Vergleicht man die beiden Strophen in Bezug auf ihren Inhalt mit den aus der gemeinsamen Quelle geflossenen übrigen Totentänzen, so findet man im Lübecker Texte von 1463 nur ganz allgemeine, in der jüngeren Danse macabre dagegen bemerkbare Aehnlichkeiten in dem Zwiegespräch zwischen Tod und Liebhaber. Vgl. Str. 46:

Gentil amoreux gay et frisque,
Qui vous cuidez de grant valeur,
Vous estes pris; la mort vous pique
Le monde laires a douleur.
Trop l'avez ame, c'est foleur.
De vous mort est peu regardee.
Ja tost vous changeres coleur.
Beaute n'est qu'image fardee.

Also auch aus der Vergleichung mit den englischen Strophen ergiebt sich, was bereits S. 23 gefolgert werden konnte, dass der Bearbeiter der jüngeren Danse macabre aus der älteren vieles wörtlich herübergenommen hat.

Litteratur- und Denkmäler-Uebersicht.

Die nachfolgende Uebersicht soll die monumentalen Totentänze bis zum 18. Jahrhundert, die übrigen sowie die Texte bis auf Holbeins Imagines mortis mitsammt der auf sie bezüglichen Litteratur umfassen. Die zahlreichen Nachdrucke der Danse macabre, der Basler Totentänze und der Holbeinschen Zeichnungen vollständig zu verzeichnen hat keinen Zweck. Dem Interesse des Bibliographen genügen die umfangreichen Titelabschriften und Beschreibungen in den bereits vorhandenen Verzeichnissen, auf welche verwiesen werden wird. Abgesehen von diesem bibliographischen Detail wird die nachfolgende Zusammenstellung aus zwei Gründen weit vollständiger und genauer als alle früheren sein können. einmal. weil der Verfasser diese benutzen und durch neue Nachweise vermehren kann. dann, weil er, mit Ausnahme weniger Fälle, meist Incunabeln, auf nichts Gedrucktes verweist, was er nicht selbst eingesehen hat.

Die Schriften, welche sich vorwiegend auf ein einzelnes Denkmal beziehen, werden bei diesem verzeichnet werden. Diejenigen, welche die Totentänze im Allgemeinen behandeln, seien hier vorweg genannt.[1]) Am meisten haben sich um die allmälige Sammlung des Materiales Peignot, Douce und Langlois und ganz besonders Fiorillo verdient gemacht. Letzterer ist auch deshalb noch zu erwähnen, weil man bei ihm die Litteratur des vergangenen Jahrhunderts angegeben findet. Ausserdem ist noch auf Prüfer's Ausgabe des Berliner Totentanzes hinzuweisen, weil er eine sehr übersichtliche Tabelle der monumentalen Denkmäler bietet und zuerst einige derselben zu allgemeiner Kenntnis gebracht hat.

W. Bäumker, Der Todtentanz. Studie. Frankfurt a. M. 1881. (= Frankfurter Broschüren N. F. II n. 6. S. 175—205.)

F. Douce, The Dance of Death exhibited in elegant engravings on wood with a dissertation on the several representations of that subject. London 1833.

---

[1]) Ausser den hier und bei den einzelnen Denkmälern Verzeichneten haben noch folgende über die Totentänze im Allgemeinen gehandelt: L. Bechstein, 'Deutsches Kunstblatt, hrsg. von Eggers, 1 (1850) S. 57 ff.; Brauche, 'Bulletin monumental. 8 (1842) S. 326—39'; Douce in der Einleitung zu 'The dance of Death, painted by Holbein and engraved by Hollar 1794 u. ö.'; Einleitung zu 'Holbeins Dance of Death. London 1849'; Gödeke, Grundrisz z. Gesch. d. dtsch. Dichtung. 2. Aufl. 1. S. 322-25; Massmann, (Wiener) Jahrbücher d. Litter. Bd. 58 Anzeige-Bl. S. 1—24; ders. in der Schlotthauerschen Ausgabe des Holbeinschen Totentanzes. München 1832; ders. 'Dtsch. Kunstblatt 1 S. 255 ff.'; Müntz, 'Revue critique d'hist. etc. 13 (1887) S. 35 ff.'; R. Springer, 'Westermanns Illustrirte Monatshefte 47 (1880) S. 723 ff.; Woltmann, Holbein und seine Zeit. 2. Aufl. Bd. 1. S. 240 ff. — Die Arbeiten über die Allegorie und Ikonographie des Todes (die neueste und ausführlichste ist von Frimmel, 'Mittheilungen der k. k. Centralcommission, NF. Jg. 10 ff.) sind in das Verzeichnis nicht aufgenommen.

A. **Ellissen**, Geschichtliche Abhandlung über die Todtentänze. *In* Hans Holbeins Initial-Buchstaben mit dem Todtentanz nach Hans Lutzelburgers Original-Holzschnitten treu copirt von H. Lödel. Mit einer geschichtl. Abhandlung etc. Göttingen 1849.

J. D. **Fiorillo**, Geschichte der zeichnenden Künste in Deutschland und den vereinigten Niederlanden. Bd. 4. Hannover 1820. S. 117—174.

H. **Fortoul**, Essai sur les poëmes et les images de la danse des morts. *In* La danse des morts dessinée par H. Holbein gravée par J. Schlotthauer. Paris 1842 *und in* Études d'archéologie et d'histoire. T. 1. Paris 1854. S. 321 ff. (Nicht benutzt.)

C. **Grüneisen**, Beiträge zur Geschichte und Beurtheilung der Todtentänze 'Kunstblatt (Beiblatt zum Morgenblatt für gebildete Stände) 1830 Nr. 22—26.'

G. **Kastner**, Les danses des morts. Dissertations et recherches historiques, philosophiques, littéraires et musicales sur les divers monuments. Paris 1852. 4.

N. C. **Kist**, De kerkelijke Architectuur en de Doodendanse. Leiden 1844 (*Sonderabdruck aus dem* 'Archief voor kerkelijke Geschiedenis. Deel 15').

E. H. **Langlois**, Essai historiques, philosophique et pittoresque sur les danses des morts, suivi d'une lettre de C. Leber et d'une note de Depping. Ouvrage complété et publié par A. Pottier et A. Baudry. 2 Ts. Rouen 1851.

H. F. **Massmann**, Literatur der Todtentänze. (Aus dem „Serapeum" besonders abgedruckt.) Leipzig 1840. (Beschränkt sich wesentlich auf eine bibliographische Beschreibung der Abdrücke von Holbeins, des Gross-Basler und des achtzeiligen deutschen Totentanzes, der Danse macabre und der französischen Gebetbücher mit Totentänzen. Einige Zusätze giebt Heller 'Serapeum 6 [1845] S. 225—231'.)

H. F. **Massmann**, Die Baseler Todtentänze in getreuen Abbildungen. Nebst geschichtlicher Untersuchung, so wie Vergleichung mit den übrigen deutschen Todtentänzen. Stuttgart 1847. 8 *nebst* Atlas. Ebd. 1847. 4°. (= Der Schatzgräber. Hrsg. von J. Scheible. Th. 5.)

H. F. **Massmann** *im* Universal-Lexikon hrsg. von H A Pierer. 2. Afl. (3. Ausg.) Bd. 31 (1845) S. 318 f.

A. F. **Merino**, La dance macabre. Estudio critico literario. Madrid 1884.

F. **Naumann**, Der Tod in allen seinen Beziehungen, ein Warner, Tröster und Lustigmacher. Als Beitrag zur Literaturgeschichte der Todtentänze. Dresden 1844. 12.

G. **Peignot**, Recherches historiques et littéraires sur les danses des morts et sur l'origine des cartes à jouer. Dijon et Paris 1826.

K. **Schnaase**, Zur Geschichte der Todtentänze. 'Mittheilungen der k. k. Central-Commission zu Erforschung der Baudenkmale. Bd. 6. Wien 1861. S. 221—223.'

P. **Vigo**, Le danze macabre in Italia. Studi. Livorno 1878.

W. **Wackernagel**, Der Todtentanz. 'Zeitschrift für deutsches Alterthum. Bd. 9 (1853), S. 302—365', wieder abgedruckt 'Kleinere Schriften Bd. 1 (1872) S. 302 ff.'

J. E. **Wessely**, Die Gestalten des Todes und des Teufels in der darstellenden Kunst. Leipzig 1876.

Einige Kunstdenkmäler, welche in diesen Werken verzeichnet sind, wird man in der nachfolgenden Uebersicht **nicht** finden, deshalb nicht, weil sie mit Unrecht Totentänze genannt sind. Zum Beispiel die sogen. Totentänze von **Annaberg**, **Freiberg** und **Leipzig**, bildliche Darstellungen der Lebensalter des Menschen, die sogen. Totentänze von Minden und Wien u. a. (Vgl. S. 4 f.)

Der sogen. **Mindener Totentanz** von 1383, auf den wohl in jeder Abhandlung über die Totentänze bisher Bezug genommen worden ist, ist allbekannt, weil er von Fabricius in der Bibliotheca mediae et infimae aetatis (Hamburg T. V p. 2) angeführt wird. Er ist jedoch weder aus Minden noch ist er überhaupt ein Totentanz. Die Nachrichten über ihn gehen zurück auf *Michael Sachse's Newe Keyser Chronica Magdeburgk 1606* (Vorrede S. 2), der ihn nach *Minden* versetzt, ohne seinen Gewährsmann zu nennen. Einem glücklichen Zufall verdanke ich, dass ich Sachse's Quelle in *Letzner's Dasselischer Chronica. Erffurdt 1596* entdeckt habe. In dieser heisst es Bl. 155 b:

"Zu Münden *(sic)* in der Pfarrkirch war an einem Pfeiler eine Tabel, einer zimlichen Stubenthür grosz, mit einer Ketten angeheftet, also, dass man die kehren vnd wenden, vnd auff beyden feiten besehen kundt. Auff der einen seiten war ein fchön Weibesbildt gemahlet, prechtiglich, gleich einer Königin bekleidet, gezieret vnnd geschmücket, die hatte einen grossen Spiegel in der Handt, vber demselbigen stunden folgende Wort mit grossen Buchstaben geschrieben: VANITAS VANITATUM. Vnter dem Bilde stund eine Jahrzahl 1383. Am Rande herumb stunden folgende Wort:

Der Welt Pracht, Ehr vnd Herligkeit
Ist meines Hertzn Ergetzligkeit
Mein Frewd, mein Lust, zu aller zeit
Damit bin ich allr Sorgen queidt.

Auff der andern seite war der Todt gantz hesslich vnd erschrecklich gemalet, führete auff seiner Achsel eine Sense vnd sprach:

Ich komm vnd mach der Frewd ein End
Vnd aller Welt Wollust ich wend
In heulen, Weinen vnd Weeklagen
Thun sich verkehrn die guten Tage."

Da Letzner (vgl. Krause in der Allgem. Deutschen Biographie s. v.) bis 1564 Capellan in (hannoversch) Münden gewesen ist, wird man nicht zweifeln dürfen, dass seine Angaben richtig und für alle späteren Anführungen die Quelle sind. Sachse, der ihn ausschreibt, hat *Münden* zu *Mynden* gemacht, was Fabricius u. a. als *Minden in Westfalen* übernommen hat.

Der sog. **Wiener Totentanz** in der Loreto-Kapelle der Hofpfarrkirche zu St. Augustin bestand aus einer Reihe von Sinnbildern aus dem Anfange des 18. Jahrh. mit kurzen Sprüchen (z. B. *Mars hin, Mars her, Mors gilt noch mehr*), welche von Abraham a S. Clara verfasst waren, dessen 'Besonders meublirt und gezierte Todten-Capelle. Nürnberg (1710). Ebd. 1711 (auch holländisch 'Algemeyne Doodenspiegel etc. Brüssel 1730)') Sprüche und Abbildungen enthält. — Eher entsprechen einem Totentanze nach Holbein'schem Muster die Bilder in Abraham's a. S. Clara 'Sterben und Erben. Amsterdam 1702.' Statt des Todes tritt hier ein Todesengel an die meist auf dem Sterbebette liegenden Vertreter der menschlichen Stände, sie auf Christus als ihren einzigen Trost verweisend.

Dänischer Totentanz.

Ein defect erhaltener Druck ohne Titelblatt, in der kgl. Bibliothek in Kopenhagen, spätestens aus dem Jahre 1536, bietet eine dänische Uebersetzung des Lübecker Totentanzes von 1520 mit Benutzung seiner Holzschnitte.

Ausgabe mit modernisirter Rechtschreibung: Dödedandsen, udg. af C. J. Brandt. Köbenhavn 1862. (Von mir nicht benutzt.) — Die Abhängigkeit vom Lübecker

Totentanz weist nach Massmann 'Serapeum 10 (1849), 305 ff.' — Beschreibung: Ch. Bruun, Aarsberetninger fra det store kong. Bibliothek. Bd. 2 (1875) S. 154—161.

Holzschnitte. Bruun giebt a. a. O. im Facsimile zwei Holzschnitte, welche die Figuren des Königs und eines auf einem Löwen reitenden Todes enthalten. Letztere Figur findet sich unter den bei 'Weigel u. Zestermann, Anfänge der Druckerkunst Bd. 2 (1866) S. 166 f.' facsimilirten Figuren aus dem Totentanze von 1489 wieder, und zwar lehrt eine Vergleichung, dass beide von demselben Holzstock stammen. Von dem Lübecker Drucke von 1520, der sich in Oxford befindet, sind keine Facsimile hergestellt, doch ist mit Hilfe der von Massmann gegebenen Beschreibung zu folgern, dass seine Holzschnitte identisch einerseits mit denen des dänischen Druckes, anderseits mit denen der Drucke von 1489 und 1496 sind. Auf Grund der so gewonnenen Anhaltspunkte ist S. 38 angenommen, dass zu allen vier Drucken dieselben Holzstöcke benutzt sind. Selbst vergleichen konnte ich, wie gesagt, nur die mir im Facsimile vorliegende Figur des auf einem Löwen reitenden Todes.

Deutsche Totentänze. (Niederdeutsches Gebiet.)

Bildwerke.

Berlin. Wandgemälde in der Turmhalle der Marienkirche, von c. 22.6 m Länge und fast 2 m Höhe. 15. Jahrh. Die Figuren bilden einen Gesammtreigen, der sich auf braunem Erdboden vor einem Hintergrunde mit Wald und Bergen bewegt. Von dem 1860 unter der Tünche entdeckten Gemälde, das später (an einigen Stellen nicht richtig) restaurirt ist, sind die Figuren ziemlich vollständig, die darunter befindlichen Verse nur zum Teil erhalten.

Figuren (von links nach rechts): Prediger auf der Kanzel, vor welcher eine fratzenhafte Gestalt die Sackpfeife bläst. Tod und Küster, Capellan (?), Offizial, Augustiner, Prediger, Pfarrer, Kartäuser, Arzt, Mönch, Domherr, Abt, Bischof, Cardinal, Papst, Christus am Kreuz. Kaiser, Kaiserin, König, Herzog, Ritter, Bürgermeister, Wucherer, Junker, Kaufmann, Handwerker, Bauer, Krügerin, Narr, (Mutter mit Kind?).

Ausgaben etc.: Ein 1860 angefertigtes Facsimile besitzt das Märkische Museum in Berlin. — Der Todtentanz in der Marienkirche zu Berlin u. Geschichte und Idee der Totentänze überhaupt von Th. Prüfer. Mit 6 photolith. Tafeln. (*In:* Vermischte Schriften etc. hrsg. von dem Verein für die Geschichte Berlins. Berlin 1888. Bd. 1.) Berlin 1876. Fol. — Ebs. Mit 4 Blatt farbigen Lithographien (in kleinerem Massstabe). Berlin 1883. Fol. — Der Text ist in allen diesen Ausgaben mit vielen Fehlern wiedergegeben. Einzelnes verbessern Lübben und Sprenger, Niederd. Jahrbuch 3, 178 ff. 4, 105. — (Wertlos ist: Der Todtentanz in der St. Marienkirche zu Berlin. Ein Wort für die Besucher. Berlin 1863. 8 S. 8., worin als Probe eine Strophe.)

Braunschweig. Wandgemälde des 15. oder 16. Jahrh. in der ehemaligen Andreaskirche.

"Albrecht in seiner Postill. Symb. Dn. 24 Trin. schreibet: In etlichen Kirchen ist ein Gemälde noch von den lieben Vorfahren ausgedacht, zu sehen, da hüpfft der Tod voran, führt aber allerley Leute nach sich, Päpste, Käyser, Könige, Fürsten, Grafen, Ritter, Bürger und Bauern, Alte, Junge, Schöne, Häſsliche, Gross und Kleine, beyderley Geschlechts, und tantzt mit ihnen zur Welt hinaus, springt so lange, biss einer nach dem andern lebloss nieder fällt. Fast dergleichen Worte führet auch Erasmus Rothmaler in der 3. Predigt über den Kirchengesang: Christ lag in Todes-Banden, und meldet dabey, dass der Todtentanz auch zu Braunschweig in der S. Andreas-Kirchen als ein altes Gemälde auff einer Tafel allda noch dazumal zu sehen gewesen." Hilscher, Beschreibung des sog. Todten-Tantzes (1705) S. 91 f. — Rothmahler ist 1561 geboren und 1610 gestorben.

Gandersheim (Braunschweig). 'Zu Gandersheim im Barfüsser Closter im Creutzgange am Capitelhause stund (ehe dasselbe von Hessen eingenommen und geplündert worden) eine lange Tabel, daran war auff Pergamen der Tod gemahlet, unnd wie derselbe einen gemeinen Tantz hielt mit allen Ständen vnd Orden Geistlicher und Weltlicher Leute, vom Obersten bis an den Untersten. Da waren forne folgende Teutsche Vers geschrieben, also lautend: Hie hebt sich an des Todes Tantz Der hat gut acht auff seine Schantz, Dasz niemand jhm entspring davon' etc.

Letzner, Dasselische und Einbeckische Chronica. Erffurdt 1596. Fol. Bl. 156.

Halberstadt. Skulptur auf dem von Joh. Pincerna (Schenk) 1554 gemeisselten Grabmale des Bischofs Markgrafen Friedrichs von Brandenburg im Dome.

'Unter der Plinte desselben ein höchst interessanter Todtentanz'. F. Lucanus, Wegweiser durch Halberstadt. 2. Afl. Halb. 1876, S. 39.

Hamburg. Eines Totentanzes aus der 'Monnicken tyd' in der Franciskanerkirche St. Maria Magdalena gedenken Nachrichten aus d. J. 1551—1623. Derselbe muss eine Länge von mindestens 40—50 Fuss gehabt haben.

Vgl. Beneke 'Zeitschrift des Vereins für Hamb. Geschichte 5 (1866) S. 611—615'.

Lübeck. In der Marienkirche, v. J. 1463. Dieser Totentanz, von dem bereits S. 1 f. eine Beschreibung gegeben wurde, war ursprünglich auf zusammengefügte Holztafeln gemalt. Nachdem 1588 und 1657 umfangreiche Ausbesserungen vorgenommen waren, wurde er 1701 von dem Maler Anth. Wortmann auf Leinwand übertragen. Die niederdeutschen Verse unter den Bildern, welche zu einem grossen Teile unlesbar geworden waren, wurden bei dieser Erneuerung durch neuhochdeutsche ersetzt, welche der Praeceptor Nathanael Schlott vollständig unabhängig von dem alten Texte angefertigt hatte. Das wenige von dem letzteren "so man noch davon hat lesen können" hat der damalige Pastor der Marienkirche Jacob von Melle in seine handschriftlich erhaltene 'Ausführliche Beschreibung von Lübeck' aufgenommen. Die Zuverlässigkeit seiner Abschrift wird durch die Genauigkeit, der sich Melle in seinen übrigen Copieen nachweislich befleissigt, wahrscheinlich gemacht. Auch die Copie Wortmanns giebt im Allgemeinen ein treues Abbild des alten auf Holztafeln gemalten Originals. Für die Treue der Copie spricht, dass sämmtliche Figuren die Tracht des beginnenden 15. Jahrhunderts tragen, sowie die Uebereinstimmung mit dem erhaltenen Reste des Revaler Totentanzes, einer alten Copie des Lübecker. Anderseits wird man, da der Text 1701 nicht mehr vollständig lesbar war, annehmen dürfen, dass auch das Bild 1701 bereits an einzelnen Stellen nur schwer oder gar nicht mehr zu erkennen war und an diesen Stellen Wortmann notgedrungen freier hat verfahren oder eine Lücke lassen müssen. Dieses muss der Fall bei der ersten Figur gewesen sein, die auf dem Original ein Prediger auf der Kanzel war. Vielleicht liegt ein ähnlicher Fall zu Schluss des Bildes vor. Ferner scheint sich aus einer Vergleichung mit dem Lübecker Totentanz von 1489, dessen erste Hälfte dieselben menschlichen Stände wie der Totentanz in der Marienkirche bietet, zu ergeben, dass bei letzterem sowie in Melle's Ueberlieferung des Textes die Reihenfolge in Verwirrung geraten ist. Diese Verwirrung lässt sich am leichtesten dadurch erklären, dass einige der alten Holzplatten bei der Abnahme von ihrer alten Stelle in eine falsche Ordnung gekommen sind. Eine Verstümmelung in neuerer Zeit hat der Totentanz dadurch erlitten, dass man 1799 aus ihm den Herzog und den ihm folgenden Tod herausgeschnitten hat, um Raum für die Erhöhung einer Thür zu gewinnen.

F i g u r e n. Vorpfeifender Tod, Reigen des Todes mit Papst, Kaiser, Kaiserin, Cardinal, König, Bischof, Herzog (fehlt jetzt), Abt, Ritter, Cartäuser, Bürgermeister, Domherr, Edelmann, Arzt, Wucherer, Capellan, Kaufmann, Küster, Handwerker, Klausner, Bauer, Jüngling, Jungfrau. Dann folgt der Tod mit der Sense und zu Schluss das Kind in der Wiege. — Ausserdem findet sich auf einem schmalen Querbrett, welches eine Ecke zwischen zwei Wandflächen des Todestanzes verkleidet, eine Zuthat Wortmanns: drei Figürchen, nämlich zwei Tode und ein Dämchen in der Tracht d. J. 1700. — Die Reihenfolge, welche nach Ausweis des von Mantels geordneten Textes die ursprüngliche war, s. S. 35. Das heutige Bild und Schlott's Text bieten die Abweichung, dass in ihnen Nr. 11—13 in der Folge 13. 12. 11 (also Bürgermeister, Domherr, Edelmann) erscheinen. Ferner hat Schlott den Kaufmann des Gemäldes als Amtmann und umgekehrt diesen als jenen irrtümlicher Weise aufgefasst.

E n t s t e h u n g s j a h r. Die Annahme d. J. 1463 beruht auf der von Melle mitgeteilten alten Schlussschrift *Anno domini MCCCCLXIII in vigilia Assumpcionis Marie.* Dieses Datum könnte ein späterer Zusatz sein, der auf des Lübecker Chronisten Detmars Angabe, dass 1463 in Lübeck die Pest herrschte und diese am Tage von Maria Himmelfahrt nach Dänemark sich verbreitete, zurückgeht. Jedesfalls trifft nach dem Urteile der Kunsthistoriker jene Zeitangabe ungefähr zu. Wahrscheinlich ist, dass der Totentanz eher früher als später entstanden ist.

A u s g a b e n: Der Todtentanz nach einem 320 Jahre alten Gemälde in der St. Marienkirche zu Lübeck, auf einer Reihe von acht Kupfertafeln, von Lud. S u h l. Lübeck 1783. 4°. (Darin der nd. Text nach Melle.) — Der Todtentanz in der Marienkirche zu Lübeck. Nach einer Zeichnung von C. J. Milde mit erläuterndem Texte von W. M a n t e l s. Lübeck 1866. Quer-Fol. (Auf dem Facsimile fehlt der Herzog, den Suhl noch bietet.) Weniger brauchbar für wissenschaftliche Untersuchungen sind: Ausführliche Beschreibung und Abbildung des Todtentanzes etc. (von Schmidt) Lübeck (1831) kl. 8°. — Der Todtentanz etc. von P. G e i s l e r. Hamburg 1872. 4°.

Litteratur: H. Baethcke, Der Lübecker Todtentanz. Ein Versuch zur Herstellung des alten nd. Textes. (Göttinger) Inaug.-Dissertation. Berlin 1873. 8°. (Vgl. darüber Mantels 'Gött. Gel. Anzeigen 1873. I. S. 721—41.') — Mantels, Der Lübecker Todtentanz vor seiner Erneuerung i. J. 1701 'Anzeiger f. Kunde dtsch. Vorzeit 1873 S. 158—161.' — Alb. Benda, Wie die Lübecker den Tod gebildet. Vortrag. Lübeck 1891.

Osnabrück. Stickerei auf dem Rande eines bischöflichen Pluviales. Aus dem Anfange des 16. Jahrh. In verschiedenen Feldern je ein Bischof, Cardinal, Papst, dann Graf, Herzog, Kaiser, die von dem Tode ergriffen werden. Die Länge der Figuren beträgt 21 cm.

Vgl. Mittheilungen des histor. Vereins zu Osnabrück 11 (1878) S. 356. — Mithoff, Kunstdenkmäler etc. im Hannoverschen 7 S. 115.

Reval (Estland) in der Nicolaikirche. Oelgemälde auf Leinwand 1,75 m hoch und soweit erhalten c. 8 m lang. Erhalten sind das Bild und die Worte des Predigers auf der Kanzel, vor der ein Scelett den Dudelsack bläst, dann der Reigen nebst dem Zwiegespräche des Todes mit Papst, Kaiser, Kaiserin, Cardinal und König. Alles übrige ist vermodert. Der Rest lässt deutlich erkennen, dass Bild und Text eine sehr getreue Copie des Lübecker Totentanzes von 1463 sind. Genau so wie in Lübeck trägt der dem Papst vorantanzende Tod auf der rechten Schulter einen Sarg, während er mit der linken Hand eine Falte des päpstlichen Ornates hochhebt. In beiden dieselbe Handbewegung des Papstes, dieselbe Haltung des dann folgenden Todes, der Königin, des Cardinals u. s. w. Der landschaftliche Hintergrund ist zwar in beiden Totentänzen nicht ganz gleich, zeigt aber doch eine allgemeine Aehnlichkeit, auch findet sich die Burg, welche man in Lübeck zur linken Seite der Königin im Hintergrunde erblickt, in Reval zur Linken des Königs wieder. Abweichend sind beide darin, dass in Reval der König eine Krone zu tragen scheint, während er in Lübeck eine eigentümliche rund aufgewulstete Kopfbedeckung hat. Ferner fehlt in Lübeck zu Anfang des Gemäldes der Prediger. Dieser ist keine Zuthat des Revaler Malers. Wie die Uebereinstimmung des Textes und der altspanischen Danza general zeigen, muss auch in Lübeck der Prediger zu Anfang des Tanzes früher seine Stelle gehabt haben. Die Uebereinstimmung beider Gemälde in den Details des Costüms, der Stellungen und Handbewegungen lässt schliessen, dass der Revaler Totentanz gar nicht in Reval selbst, sondern, wenn auch in revalschem Auftrage, in Lübeck angesichts des Originals, dessen Copie er bietet, angefertigt ist. Für das Alter des Revaler Gemäldes hat sich kein urkundliches Zeugnis beibringen lassen. Einheimische Gelehrte haben sich für die Entstehung 'um 1600', andere für das 15. Jahrhundert entschieden. Wenn für die Zeit um 1600 der landschaftliche Hintergrund zeugen soll, so erweist schon das Lübecker Original die Haltlosigkeit dieses Grundes, ausserdem könnte auf Manuels Totentanz und ältere Gemälde der flandrischen Schule hingewiesen werden. Die Sprachformen des Textes scheinen für den Anfang des 16. oder das Ende des 15. Jahrhunderts zu sprechen. Der erhaltene Rest ist durch Einrahmung jetzt vor weiterem Verderben geschützt.

Eine Abbildung in kleinem Massstabe giebt W. Neumann, Grundriss der Geschichte der bildenden Künste in Liv-, Est- und Kurland. Reval 1887. S. 143. (Was der Verfasser von gewissen Abweichungen sagt, die das Lübecker Gemälde biete, verrät, dass ihm von diesem keine Abbildung vorgelegen hat. Die Skelette sind in beiden Totentänzen ganz gleich bekleidet oder bzw. unbekleidet.) Vgl. auch S. F. Amelung, Revaler Altertümer (1884) S. 45 ff.

Der Text ist teilweise fast erloschen. Das Verdienst, ihn zuerst zum Abdruck gebracht und seine Zusammengehörigkeit mit dem Lübecker erkannt zu haben, gebührt Russwurm, welcher in der Zeitschrift 'Das Inland. Eine Wochenschrift für Liv-, Esth- u. Curlands Geschichte, Jahrg. 3 (1838) Nr. 31 ff.' beide sammt einer freilich oft sehr falschen Uebersetzung mitteilte. Einen mehrfach berichtigten Text nebst einer besseren Uebersetzung der in Reval erhaltenen Strophen bietet Gotthard v. Hansen, Die Kirchen und ehemaligen Klöster Revals. 3. Aufl. Reval 1885, S. 39 ff.

Wismar I. Gemälde an der inneren Turmwand der Nicolai-Kirche. Erhalten ist nur eine Abschrift der Verse, welche der Ratmann Gregor Jule auf Ersuchen der Prediger 1596, vermutlich für eine beabsichtigte Erneuerung der Bilder, verfasst hat.

Aus den Versen lässt sich die Reihenfolge der Figuren ersehen: Papst, Kaiser, Kaiserin. Cardinal, König, Bischof, Fürst, Abt, Ritter, Advocat, Bürgermeister, Edelmann, Arzt, Franciskaner, Bürger, Witwe, Handwerker, Arbeiter, Bauer. Jüngling, Jungfrau, Kind. Vgl. (F. Crull) Nachricht von einem Todtentanze zu Wismar. Schwerin 1877. 4°.

Wismar II. Wandgemälde in der St. Marien-Pfarrei, etwa v. J. 1500. Die unter der Tünche entdeckten Reste lassen einen Gesammtreigen von 18 Zoll hohen Figuren erkennen, die sich auf grünem Erdboden bewegen.

Nach Crull a. a. O., der eine Abbildung giebt, stellten die blossgelegten Figuren ausser den nackten Todesgestalten den Cardinal, Patriarchen, Erzbischof, Kriegsmann (Herzog?), Bischof, eine weltliche und drei geistliche Personen, den Doctor und Domherrn vor.

Wolgast. An den Brüstungen der hölzernen Emporen der Gertrudskirche befinden sich im 17. Jahrh. von Bentschneider gemalte Totentanzscenen, freie Nachbildungen der Holzschnitte Holbeins. Ueber den Bildern stehen hochdeutsche Verse.

Vgl. Kugler, Pommersche Kunstgeschichte (Baltische Studien 8. 1840) S. 226.

Texte.

Während in Frankreich, England und Süddeutschland die verschiedenen monumentalen Totentänze im Mittelalter im wesentlichen denselben Text bieten, begegnet in Niederdeutschland, wenn man von Reval absieht, bei jedem Totentanze ein anderer Text.

Berliner Totentanz. Siehe bei den Bildwerken.

Lübecker Totentanz v. 1463. Siehe bei den Bildwerken zu Lübeck und Reval.

Lübecker Totentanz v. 1489 u. 1496. Dieser in der Officin und mit Holzschnitten des sog. Lübecker Unbekannten zuerst 1489 gedruckte und 1495 neu aufgelegte Totentanz bietet den bei weitem umfangreichsten Text (72 Capitel mit 1686 Versen), auch nicht zur Hälfte erreicht ihn einer der übrigen deutschen oder ausländischen Totentänze. Es erklärt sich dieser Umfang dadurch, dass der Verfasser ihn für die Buchform, nicht für die monumentale Verwendung verfasst hat. Das Totentanzmotiv dient ihm, seinen moralischen Ausführungen Richtung und Form zu geben, zu Schluss lässt er es aber fallen, weil die 24 Verse, welche er seinen Personen zuteilt, und die Bezugnahme auf die von diesen vertretenen Stände ein zu beengender Rahmen für seine nun allgemeiner gehaltenen Gedanken gewesen wären. Seine Sprache ist lehrhaft, breit, durchweg moralisirend, aber doch nie langweilend oder schleppend, und der Neigung zu satirischem Humor wird mit Behagen Raum gegeben. Dass der Verfasser identisch mit dem Bearbeiter des nd. Reinke Vos sei, ist jüngst wahrscheinlich gemacht. Sichtlich lehnt er sich an den alten Lübecker Totentanz von 1463 und den von 1520 (s. S. 34) an.

Ausgaben: Des dodes dantz. Lübeck 1489. 4°. (Germanisches Museum in Nürnberg.) Beschreibung bei Weigel und Zestermann, Die Anfänge der Druckerkunst. Leipzig 1866, Bd. 2, S. 166. — Dodendantz. Lübeck 1496. 4. (Herzogl. Bibliothek Wolfenbüttel.) Umfangreiche Auszüge bei Bruns, Beiträge zur kritischen Bearbeitung aller Handschriften (1802) S. 321—360. — Des dodes danz, nach den Lübecker Drucken von 1489 und 1496 herausg. von Herm. Baethcke. (Bibliothek des litter. Vereins in Stuttgart. 127.) Tübingen 1876. — Vgl. auch H. Brandes, Die litterarische Tätigkeit des Verfassers des Reinke 'Zeitschr. f. dtsch. Alterthum 32, S. 24—41. — Die Reihenfolge der Personen s. S. 35.

Lübecker Totentanz v. J. 1520. Dieser Totentanz muss, wie S. 34 gezeigt ist, bereits vor 1489 verfasst sein. Bekannt ist er nur aus einem Drucke von 1520, der aus der Officin des Lübecker Unbekannten hervorgegangen ist. (Ueber eine dänische Bearbeitung dieses Totentanzes siehe S. 41.)

Ausgaben. Das einzig bekannte Exemplar des alten Druckes befindet sich im Besitze der Bodleiana in Oxford, das Titelblatt bietet unter einer Krone das Wort *Dodendantz*. Die Schlussnotiz lautet: *Anno dn̄i MCCCCCXX Lubeck*. Eine Beschreibung des Druckes giebt Massmann im Serapeum 10 (1849) S. 306 ff., einen Abdruck des Textes nach einer von Sotzmann angefertigten Abschrift bietet Lübke in seiner Ausgabe des Berliner Totentanzes (S. 39 ff.) und Mantels in der Einleitung zu Milde's 'Todtentanz in der Marienkirche zu Lübeck' S. 10 ff.

Uebersetzung der Danse macabre. Das Bruchstück einer wörtlichen Uebersetzung der Danse macabre ist nach einer Berliner Handschrift aus dem Ende des 15. Jahrh. von mir im Niederdeutschen Jahrbuche XI S. 126 f. mitgeteilt worden.

Deutsche Totentänze. (Hochdeutsches Gebiet.)

Bildwerke.

Attinghusen (Schweiz, Kant. Uri). "1755 wurde die alte Kirche vergrössert, durchweg erneuert, und dabei der ausserhalb gemalte, aber schadhafte Todtentanz verstrichen. Meister war Jacob Moosbrucker."

Geschichtsfreund. Mittheilungen des histor. Vereins der fünf Orte Lucern etc. Bd. 17. Einsiedeln 1861. S. 152.

Basel I. Wandgemälde an der Kirchhofsmauer des Dominikanerklosters in Gross-Basel, aus derselben Zeit (c. 1537—41) und wahrscheinlich von demselben Maler wie der Klein-Basler Totentanz, den er um 5 Schritt Länge überragt. Mit diesem stimmt er in den Figuren und im Texte im Allgemeinen überein. Die Abweichungen sind durch spätere Erneuerungen, besonders durch die von Klauber 1568 vorgenommene Uebermalung entstanden. Dieser hat Verschiedenes aus Manuels Berner Totentanze in den Basler übertragen, sein Bild zu Schluss beigefügt und der Mutter des Kindes die Gesichtszüge seiner Frau gegeben. Bei einer späteren Uebermalung sind diese beiden Bilder dann wieder beseitigt, um Raum für eine Darstellung des Sündenfalles zu gewinnen. Der Totentanz ist 1805 abgebrochen, doch sind Copieen in den zuerst 1621 erschienenen und wiederholt abgezogenen Kupferstichen Joh. Jac. Merians sowie in einem handschriftlichen Facsimile desselben Em. Büchels vorhanden, dem man die Abbildungen des Klingenthaler Tanzes verdankt.

Die Litteratur s. bei Basel II.

Basel II. Wandgemälde im Klingenthal, einem Nonnenkloster Dominicanerordens in Klein-Basel. Erhalten sind mehrere treue Copien der Bilder und des Textes, die im vorigen Jahrhundert ein Basler Bürger, Em. Büchel, angefertigt hat. Dieser hatte eine Jahreszahl auf dem Totentanze zuerst als *1312* gelesen. Erst später erkannte er, wie er in einer handschriftlichen 'Ferneren Untersuchung' darlegte, dass jene Zahl richtiger *1512* zu lesen sei und sich auf eine teilweise Uebermalung des alten al-fresco gemalten Tanzes mit Oelfarben beziehe. Leider blieb die Selbstberichtigung Büchels unbekannt, und so ist in alle Schriften über die Totentänze die falsche Jahreszahl 1312 als Entstehungsjahr des somit als ältesten erklärten Klingenthaler Totentanzes übergegangen. Erst 1876 hat Burckhardt den Irrtum mit Hilfe der von ihm aufgefundenen Handschrift Büchels aufgedeckt, indem er zugleich nachwies, dass der Teil des Kreuzganges, an welchem sich der Totentanz befand, selbst erst 1437 erbaut ist. Der Totentanz war nach Büchel 72 Schritt lang, die Figuren in Lebensgrösse.

Figuren: Prediger auf der Kanzel, vor derselben in einer Gruppe Papst, König u. a. (fehlt im Klingenthal wegen einer alten Fensteröffnung, vgl. den Strassburger Ttz,. Karner, davor zwei musicirende Tode. Dann in Tanzpaaren der Tod mit Papst, Kaiser, Kaiserin, König (Königin nur in Gr.-Basel), Cardinal, Patriarch (fehlt Gr.-B.), Erzbischof (fehlt Gr.-B.), Herzog, Bischof, (Herzogin nur in Gr.-B.), Graf, Abt, Ritter, Jurist, Fürsprech, Chorherr, Arzt, Edelmann, Edelfrau, Kaufmann, Aebtissin, Krüppel, Waldbruder, Jüngling, Wucherer, Jungfrau, Pfeifer, Herold, Schultheiss, Blutvogt, Narr, Begine (dafür in Gr.-B.: Krämer), Blinder, Jude, Heide, Heidin, Koch, Bauer, Kind, Mutter, Prediger (fehlt in Kl.-B.).

Abbildungen und Text beider Basler Totentänze nach Büchels Copien bei Massmann, Basler Ttze. — Die Gross-Basler Bilder bieten die 1621—1832 in 17 Ausgaben erschienenen Merian'schen Kupfer. (Massmann, Litter. S. 75—80.) — Ungenügend für wissenschaftliche Zwecke ist: Todtentanz der Stadt Basel. Basel, Stuckert. 1858. 16. — Mit beabsichtigter Täuschung führen irre die Titel des 1588 und 1608 durch Huld. Fröhlich, 1715—1796 durch die Mechel'sche Druckerei ausgegebenen, angeblich in Basel bzw. Bern befindlichen 'Todten-Tantz'. Diese Ausgaben enthalten den Basler bzw. Berner Text, geben aber dazu Nachbildungen einer grossen Anzahl Holbeinscher Imagines mortis und nur weniger Basler Figuren. Es ist dadurch früher der Irrtum entstanden und verbreitet worden, dass der Maler des Basler Totentanzes Holbein gewesen sei. Vgl. Massmann, Litter. S. 30 ff. — Die älteste Aufzeichnung des Gross-Basler Textes in H. Fröhlich's 'Lobspruch an die Stadt Basel. 1581'.

Zur Geschichte etc. der Basler Ttze vgl. noch besonders: Th. Burckhardt-Biedermann 'Beiträge zur vaterländischen Geschichte, Bd. 11. Basel 1882. S. 59 ff.' — Rahn, Gesch. d. bild. Künste in der Schweiz (1876) S. 654—59. — Wackernagel, Kl. Schr. 1, 329 ff., 366 ff.

Bern. Auf der 1660 abgebrochenen Kirchhofsmauer des ehemaligen Dominikaner-Klosters befand sich ein Totentanz, den Nicolaus Manuel um d. J. 1517—19 gemalt und mit eigenen Versen versehen hatte. Das Gemälde zeigte Tanzpaare, welche sich unter Arkaden bewegten, durch deren Säulen man landschaftlichen Hintergrund erblickte. Die menschlichen Figuren hatten die Gesichtszüge von Zeitgenossen und Mitbürgern Manuels, der in der Figur des Malers sein eigenes Bildnis beifügte. Bild und Text sind eine freie Nachahmung sowohl des Gross-Basler Totentanzes als auch der erweiterten Danse macabre. Aus einem Drucke derselben hat Manuel die Anregung zu den Arkaden, der Gruppe der vier musicirenden Skelette und anderen Figuren empfangen.

Figuren: Sündenfall, Moses empfängt die zehn Gebote, Crucifix. Vier musicirende Skelette. Tod und Papst, Cardinal, Patriarch, Bischof, Abt, Priester, Doctor, Astrolog, Ordensritter, vier Mönche, Aebtissin, Waldbruder, Nonne, Kaiser, König, Kaiserin, Königin, Herzog, Graf, Ritter, Jurist, Fürsprech, Arzt, Schultheiss, Jüngling, Ratsherr, Vogt, Bürger, Kaufmann, Narr, Kind und Mutter, Handwerker, Bettler, Kriegsmann, Jungfrau, Koch, Bauer, Malers Frau, Witwe, Dirne, Jude und Heiden, Maler, Tod als Schütze, Prediger.

Abbildungen. Es sind zwei alte Copien vorhanden, die eine ist 1649 von Albr. Kauw, die andere von Stettler (gest. 1708). Vgl. Niklaus Manuels Todtentanz, gemalt zu Bern um 1515—1520, lithographirt nach den getreuen Copien des berühmten Kunstmalers Wilhelm Stettler. (Bern o. J.) Quer-Fol. — Vgl. Rahn 'Repertorium für Kunstwissenschaft, Bd. 3 (1880) S. 13—17'.

Text. Die Verse finden sich auf der Kauw'schen Copie und sind darnach bei C. Grüneisen, Niclas Manuel, Stuttgart 1837, S. 324—338, vgl. S. 156 ff. abgedruckt. Ausserdem sind die Verse in einer Hs. von 1576 vorhanden, die dem Abdrucke 'Niklaus Manuel, hrsg. von Jak. Bächtold, Frauenfeld 1878, S. 1—28' zu Grunde liegt. — Fröhlich giebt in seinen 'Zween Todtentäntz, Deren der eine zu Bern . . . Der Ander aber zu Basel. Basel 1588' den Berner Text, nicht aber die Bilder Manuels (vgl. bei Basel II).

Der Lübecker Totentanz von 1496 und der 'Dotentanz mit Figuren' soll nach Vögelin (S. LXXVIII ff. in Bächtold's Ausgabe) von Manuel benutzt sein. Diese Annahme ist irrig, die Entlehnungen, welche sie beweisen sollen, erklären sich aus der Benutzung der Danse macabre.

Bruchhausen (bei Unkel a. Rhein). Tafelgemälde des 17. Jahrh. in der Pfarrkirche.

'Aus dem Anfange desselben (17.) Jahrh. stammt auch der Todtentanz in der Pfarrkirche zu Broichhausen, ein Gemälde auf Leinwand im hölzernen Rahmen. In der oberen Reihe sind die weltlichen Stände, mit dem Kaiser anfangend, in der unteren die geistlichen, mit dem Papste an der Spitze, dargestellt'. Bäumker S. 23. — 'Totentanz, 20 Gruppen in zwei Reihen übereinander; Oelgemälde, handwerklich ausgeführt'. Bau- und Kunstdenkmäler des Reg.-Bez. Coblenz. Beschr. von P. Lehfeldt (1886) S. 478.

Chur (Kanton Graubünden). Wandbilder v. J. 1543, ursprünglich im bischöflichen Palast, jetzt im Rhätischen Museum. Copien und Nachahmungen der Holbeinschen Imagines.

Vgl. F. S. Vögelin, Die Wandgemälde im bischöflichen Palast zu Chur. Zürich 1878. 4. (= Mittheilungen der antiquarischen Gesellschaft in Zürich, Bd. 20, II, Heft 1). Die Annahme, dass die Churer Bilder die ursprüngliche Gestalt der Holbeinschen Todesbilder bieten, erfuhr allseitige Ablehnung. Vgl. Repertorium für Kunstwissenschaft Bd. 12 (1889) S. 227 f.

Constanz. Im ehemaligen Dominikanerkloster. Wandgemälde des 16. Jahrh. von Joh. Hiebler.

'Auch die dem Kreuzgang nach der Stadt zu vorgelegten Vorhallen (jetzt die Bureaus des Hotels) weisen Wandmalereien auf, deren bereits Fiorillo (1, 294) mit Ueberschätzung ihres Kunstwertes gedenkt. In einem Zimmer sieht man einen Totentanz: der Tod tritt als Gerippe in die menschlichen Beschäftigungen ein; deutsche Inschriften.' Kunstdenkmäler des Grosshzgt. Baden 1, hrsg. von Kraus (1887) S. 247 f. Aehnlich Zepperlin in den Schriften des Vereins f. Gesch. d. Bodensees 1875, S. 22 f. Darnach scheint es irrig, wenn Wackernagel, kl. Schr. S. 370 sagt, dass bei dem Constanzer Totentanze die latein. Hexameter von Desrey stehen. Benutzt scheinen von dem Maler die Frölich'schen Kupfer (s. bei Basel II).

Dresden. Basrelief in Sandstein v. J. 1534, ursprünglich am Georgen-Schlosse, seit 1701 auf dem Neustädter Kirchhofe. Die Figuren sind 40 cm hoch und bilden einen reigenartigen Aufzug.

Figuren: Voran schreitet ein Gerippe, das die Pfeife bläst, ihm folgen Papst, Cardinal, Erzbischof, Bischof, Prälat, Domherr und Mönch. Dann folgt ein Gerippe, das die Trommel schlägt, hinter ihm Kaiser, König, Kurfürst, Graf (?) und Ritter, dann Edelmann, Ratsherr, Handwerker, Landsknecht, Bauer und lahmer Mann, dann Aebtissin, Stadtfrau und Bäuerin, Kaufmann, Kind und Bettler. Den Beschluss macht ein Totengerippe mit der Sense. Kein alter Text. Die später beigefügten sechs Strophen sind erst im 18. Jahrh. verfasst.

Beschreibung und Abbildung: (P. C. Hilscher), Beschreibung des sogen. Todten-Tantzes. Dressden 1705. — F. Neumann, Der Tod in allen seinen Beziehungen. Dresden 1844. — Erbstein: 'Mittheilungen des Kgl. Sächs. Vereins für Erforschung etc. der vaterländischen Alterthümer, Heft 2. Dresden 1842, S. 46 ff.'

Emmetten (Kanton Unterwalden).

Einen hier befindlichen Totentanz erwähnt (nach Prüfer) Jos. Schneller, Luzerns St. Lukas-Bruderschaft. Luzern 1861, S. 11, Anm. 3.

Erfurt. Im evang. Waisenhause und mit ihm 1872 verbrannt. 52 Oelgemälde aus dem 18. Jahrh., jedes mit einem Lebenden und Tode in Lebensgrösse. Der Maler J. S. Beck hat Holbein, der Dichter des beigefügten Zwiegesprächs Schott (s. beim Lübecker Ttz. v. 1463) nachgeahmt.

J. L. K. Arnold, Erfurt mit seinen Merkwürdigkeiten (1798). — Naumann, Der Tod S. 58—60. — (v. Tettau,) Erfurt in seiner Vergangenheit (1868) S. 79.

Freiburg (Schweiz). Im Barfüsserkloster 1744 von Sal. Fries gemalt.

"Les cordeliers possédaient jadis dans leur cloître une très-belle danse des morts, peinte en fresque; mais elle est tellement dégradée qu'on n'en voit maintenant plus que des traces et quelques figures." F. Kuenlin, Dictionn. du canton de Fribourg. (1832) 1, 312.

Füssen (Bayern). Wandgemälde auf 20 Holztafeln in der Magnuskirche, von Jac. Hiebler nach Huld. Frölich's (s. bei Basel II.) Abbildungen im 16. Jahrh. angefertigt.

Vgl. Massmann, Basler Ttze, wo auch die Abweichungen vom Basler Texte mitgeteilt sind.

Kukus (Böhmen). Wandbilder vom Ende des 17. Jahrh. auf der Gallerie des Hospitals.

Hergestellt auf Kosten des Grafen Ant. v. Sporck. Abbildungen in 'Erinnerungen des Todes und der Ewigkeit bey 52 von M(ichael) Rentz in Kupfer gestochenen Vorstellungen. Linz 1753. 1779. Wien 1767. Fol.' Darnach lehnten sich die Bilder in Bezug auf Composition und Reihenfolge an Holbeins Imagines an. Die von Patricius beigefügten Sprüche bestehen in je 4 vom Tode an die Menschen gerichteten Versen.

Landshut. 'Auf dem Kirchhofe des Dominikaner-Klosters ist an der Mauer ein Todtentanz a fresco gemalt. Der Tod kämpft mit allen Ständen: unten stehen alte Reime.'

C. A. Lander, Reisen durch verschiedene Gegenden Deutschlands. Augsburg 1801 p. 134. (Citirt von Fiorillo S. 142.)

Luzern I. Acht Oelgemälde ohne Inschrift, gemalt von Jac. von Wyl (gest. 1621), früher in der Jesuitenkirche, jetzt in der Kantonsbibliothek.

Figuren: Vertreibung aus dem Paradiese, Papst, Kaiser, Kardinal, König, Kaiserin, Königin, Prälat, Kurfürst, Abt, Aebtissin, Pfarrer, Ritter, Kriegsmann, Bürger, Braut, Jungfrau, Wucherer, Maler, Krämer, Bauer, Mutter und Kind, Beinhaus.

Vgl. Todtentanz oder Spiegel menschlicher Hinfälligkeit. In 8 Abbildungen, welche von v. Wyl gemalt etc. Getreu nach den Originalien lithogr. von Gebr. Eglin. Mit Text von B. Leu. Luzern 1843. Quer-Fol. (Nicht benutzt.) — Naumann S. 42—46. — Wie in Füssen ist Frölichs Totentanz (s. bei Basel) Vorbild. Vgl. Wackernagel, Schr. 1, 370.

Luzern II. 56 Bilder an der überdachten Mühlenbrücke, von K. Meglinger 1626—35 gemalt. Jedes stellt eine Gruppe dar, welche ausser dem Tode und der ihm verfallenen Person noch andere Figuren enthält; der Tod tanzt nicht, sondern holt die Menschen mitten aus ihren Geschäften, wie in Holbeins Imagines, die jedoch nicht copirt sind. Den Bildern sind je 4 Verse beigefügt, die teils dem Sterbenden, teils dem Tode in den Mund gelegt sind.

Figuren: Austreibung aus dem Paradiese, musicirende Skelette, Papst, Kaiser, Kaiserin, Cardinal, König, Königin u. s. w. Auch allerlei Handwerker erscheinen in der Reihe. — Abbildung etc.: Der Todtentanz. Gemälde auf der Mühlenbrücke in Lucern, ausgeführt von Caspar Meglinger Pictor, getreu nach den Originalien lithogr. und hrsg. von Gebr. Eglin. (Mit Einleitung von J. Schneller.) Luzern 1867. Quer-Fol.

Metniz (Kärnten). Am Karner des Kirchhofes findet sich ein um 1490--1500 gemalter Totentanz, der einen das ganze Gebäude auf der Aussenseite umziehenden breiten Fries bildet. Die Figuren sind in halber Lebensgrösse, darunter befanden sich deutsche Verse, die nicht mehr lesbar sind.

Vgl. F. Lippmann 'Mittheilungen der k. k. Central-Commission etc. Neue Folge. Jg. 1. (1875.) S. 56—58.' Erkennbare Figuren: Prediger auf der Kanzel, vor ihm sitzen Papst, Kaiser und Cardinal. Geöffneter Höllenrachen mit den Verdammten und dem gefesselten Teufel, Papst (dessen Tod zwei Trommeln umgehängt hat), Kaiser, Kaiserin, König, Cardinal, 6 unerkennbare Figuren, Ritter, Jurist, Mönch, Edelmann, Arzt, Reisiger, Edelfrau, Kaufmann, Nonne, Krüppel, Koch, Bauer, Kind, Mutter mit Kind in der Wiege. Letzter Prediger, vor seiner Kanzel sitzen einige Frauen. — 'Mittheilungen etc. N. F. 11 S. LXXXIII' sind drei Tanzpaare abgebildet.

Der alte vierzeilige Totentanz in abgekürzter Fassung ist ohne Zweifel für diesen Totentanz benutzt.

Pinzolo (Südtirol). In der Vigiliuskapelle.

Eine kleine Abbildung giebt Frimmel 'Mittheilungen der k. k. Central-Commission N. F. 12 (1886) S. XXII'. Vgl. E. Caetani-Lovatelli, Thanatos. Rom 1888. (Nicht benutzt.)

Figuren: 3 musicirende Skelette, Crucifix, dann folgt der Aufzug der Tanzpaare mit Papst, Cardinal, Bischof, Abt, Geistlichem, Kaiser, Königin, Kurfürst (?), Arzt, Kriegsmann, Bürger (?), Junker, Krüppel, Nonne, Frau, Frau mit Kind. Zu Schluss der Tod zu Pferde, Pfeile schiessend. Jeder Tod trägt eine Waffe oder ein militärisches Emblem, jeder der Menschen ist von einem Pfeile durchbohrt. Unter den Figuren ist der Text.

Rendena (Südtirol). Von 1519. An der Stephanskirche.

'Mittheilungen der k. k. Central-Commission N. F. 16 S. 112' wird gesagt, dass der noch heute erhaltene Totentanz nach Ständen geordnet ist und einen langen Streifen bildet.

Strassburg i. E. Wandgemälde des 15. Jahrh. in der Neuen (ehemaligen Dominikaner-) Kirche, c. 2 m hoch, 1824 unter der Tünche entdeckt, 1870 zerstört.

Die Figuren bilden keinen Reigen, sondern einen Aufzug. Dargestellt sind ein Prediger auf der Kanzel und vor ihm als Zuhörer allerlei Stände, dann Tod mit Papst. Hierauf Gruppen von mehreren Personen, bei denen sich je ein Tod befindet: 1. Cardinäle, 2. Kaiser, Kaiserin und Zofe, 3. Kaiserliches Gefolge, 4. König, Königin, 5. Gefolge des Königs, 6. Zwei Bischöfe. Dann eine Gruppe mit 2 Todesfiguren, Bischof, Abt u. a. Der Rest des Totentanzes war nicht erkennbar. Die Figuren bewegen sich in einem Säulengange hinter Arcaden. Ein Text fehlte, doch schien zu Schluss eine moralische Nutzanwendung sich zu finden. Blosse Mutmassung ist, dass Martin Schöngauer († 1482) der Maler gewesen sei.

Abbildung bei F. W. Edel, Die Neue-Kirche in Strassburg (1825) S. 55—63.

Straubing (Niederbayern). In der Seelenhauskapelle der St. Peters-Pfarrkirche. Aus dem 18. Jahrh.

"Die Fresco Gemälde, an den Seitenwänden, alle Stände der Welt mit dem Tod an der Seite in sonderbare Vorstellungen eingetheilt, und unten mit jedermaligen passenden deutschen Reimen versehen, sind von Felix Hölzl." F. S. Meidinger, Beschreibung der Städte Landshut und Straubing. Landshut 1787, S. 200.

Wyl (Kant. St. Gallen). In der Totenkapelle wurde der ganze Fries. der sich an der nördlichen Langseite und der Westwand unter der Decke hinzieht. durch einen Totentanz aus dem Anfange des 16. Jahrh. ausgefüllt.

Beschrieben von Rahn im 'Repertorium für Kunstwissenschaft 3 (1880) S. 197—199'. Erkennbar sind eine Figur mit Krummstab, ein weisser Mönch, Arzt, Krüppel, Koch, Bauer. Kind, Mutter. Vom Texte teilt Rahn 7 von ihm entzifferte Strophen mit. Diese Strophen und die Reihenfolge der Figuren lassen erkennen, dass der vierzeilige Totentanz in gekürzter Fassung benutzt ist.

Texte.

Alter vierzeiliger Totentanz mit c. 40 Figuren. Auf den Wandgemälden in Basel und Füssen. Er ist bei diesen und S. 29 ff. besprochen.

Alter vierzeiliger Totentanz mit 24 Figuren. Aus dem vorigen Texte durch Kürzung hergestellt. Vgl. S. 30 ff. Ueberliefert ist er in Holztafeldrucken und Handschriften. Monumentale Verwendung hat er in Metniz und Wyl gefunden.

Massmann giebt im Anhange seiner 'Basler Ttze' ein Verzeichnis der Drucke etc., einen Textabdruck und ein Facsimile eines Holztafeldruckes (v. J. 1443?) in der Heidelberger Hs. nr. 438 Fol. Ferner ist dieser Ttz enthalten in: 2) Cod. Pal. 314. (c. 1447 Hs. mit deutschem und lat. Texte.) — 3) Münchener Cg. 270. — 4) Cod. mon. xylogr. n. 39. (Vor dem ersten Prediger sitzen Papst und Kaiser, stehen König und Kardinal. Zum Schluss ein Prediger, der auf Totenschädeln steht.) — 5) Cod. mon. bav. 4 (v. J. 1446). — Nach irgend einer Hs. giebt Docen einen Abdruck im 'Neuen Litter. Anzeiger S. 348 ff., 412 ff. — 7) Berliner Ms. germ. fol. 19 Bl. 224—227 (v. J. 1448, aus Basel).

Figuren: Prediger, Tod und Papst, Kaiser, Kaiserin, König, Kardinal, Patriarch, Erzbischof, Herzog, Bischof, Graf, Abt, Ritter, Jurist, Chorherr, Arzt, Edelmann, Edelfrau, Kaufmann, Klosterfrau, Bettler, Koch, Bauer, Kind, Mutter, Prediger.

Jüngerer vierzeiliger Totentanz. In einer Handschrift v. J. 1499. Voran geht eine Anrede Gottes an die Menschen und deren Antwort. Dann folgt das Zwiegespräch des Todes zuerst mit geistlichen, dann weltlichen, zuletzt weiblichen Personen.

Die weibliche Reihe erinnert an die Danse macabre des femmes, doch scheint keine Nachahmung vorzuliegen. Der Verfasser hat vielmehr den alten vierzeiligen und den achtzeiligen Totentanz benutzt. Jenem hat er die Form seiner Strophen und den Wortlaut der Rede der Kaiserin, dieser die Trennung der geistlichen von den weltlichen Ständen und meist auch Worte und Reime entnommen. In der Conclusio ist eine Stelle aus 'Sibyllen wissagunge' entlehnt.

Personen: Papst, Kardinal, Bischof, Domherr, Pfarrer, Abt, Mönch, Arzt, Kaiser, König, Herzog, Graf, Ritter, Edelmann, Richter, Schreiber, Bürger, Handwerker, Wucherer, Spieler; Wirt, Bauer, Kaiserin, Königin, Herzogin, Gräfin, Ritterfrau, Edelfrau, Bürgerin, Handwerksfrau, Bäuerin, Nonne. — Gedruckt als 'Totentanzsprüche', hrsg. von K. J. Schröer. Germania 12 (1867) S. 296 ff.

Mannels Totentanz. Siehe bei Bern.

Achtzeiliger Totentanz. Er ist in 3 Holztafeldrucken und einer Casseler Handschrift, sämmtlich aus der zweiten Hälfte des 15. Jahrh., erhalten. Entstanden scheint er, da der 'Wirt von Bingen' eine der Figuren ist, in der Nähe dieser Stadt. Vgl. über ihn S. 31 ff.

Der Text ist nach der Casseler Handschrift, aus welcher Kugler, Kl. Schr. zur Kunstgesch. 1, 52, zuerst eine Probe mitgeteilt hatte, von M. Riedel als 'Jüngerer Todtentanz' in der 'Germania, Jg. 19 (1874) S. 257' herausgegeben. Der Tod redet in je 8 Versen die Menschen an und jeder antwortet mit ebensoviel Versen. Voran gehen 24 Verse, welche den Strophen des 'Roy mort' zu Schluss der Danse macabre entsprechen.

Die Holztafeldrucke sind bei Massmann, Litter. S. 84 ff. (= Serapeum 2 S. 184) beschrieben: 1) Der Doten dantz mit figuren. Klage vnd / Antwort schon von allen staten der welt. / (Exemplare in München, Berliner Kupferstich-Kabinet etc.) — 2) Der Doten dantz mit figuren / clage vnd antwort schon / etc. (Exempl. in München, Wolfenbüttel etc.) Vgl. Bruns, Beyträge 3 (1803) S. 313 ff.; Ebert No. 23006. — 2b) Anderer Druckabzug, ohne den Titel. (Berliner Kgl. Bibl.) — 3) Der todten dantz mit figuren vnd schrifften / Klag etc. (Ex. in München. Ebert no. 23006.) — Sämmtliche Drucke sind ohne Ort und Jahr, kl. fol. Sie bieten alle denselben Text und dieselben Holzschnitte, doch weicht nr. 2 von den beiden andern in Bezug auf die Reihenfolge der Figuren ab.

Figuren (nach n. 1. 3): Holzschnitt mit 6 Gerippen, die ein siebentes im Grabe liegendes umtanzen; seitwärts sieht man ein Beinhaus. Holzschnitt mit vier in einem Zelte musicirenden und drei vor ihnen tanzenden Gerippen. Dann folgen die Holzschnitte mit einzelnen Tanzpaaren, zuerst mit geistlichen, dann weltlichen Personen: Papst, Cardinal, Bischof, Abt, Doctor, Official, Domherr, Pfarrer, Capellan, Guter Mönch, Böser Mönch, geistlicher Bruder, Nonne, Arzt, Kaiser, König, Herzog, Graf, Ritter, Junker, Wappenträger, Bürgermeister, Ratsherr, Bürger, Fürsprech, Schreiber, Wucherer, Räuber, Spieler, Dieb, Handwerker, Wirt von Bingen, Jüngling, Kind, Bürgerin, Jungfrau, Kaufmann, Leute von allen Ständen. Kirchhof mit Beinhaus, einem aus dem Grab steigenden und vier anderen Gerippen.

Abbildungen der Holzschnitte findet man bei Kastner Planche VI ff. nr. 38—78. Die Reihenfolge ist die von Druck nr. 2. — Ein Facsimile eines Blattes aus Druck no. 1 (Bürgermeister und Spieler) bei Weigel u. Zestermann, Anfänge der Buchdruckerkunst, Bd. 2, S. 167 ff.

Englische Totentänze.

Bildwerke.

Croydon (bei London). Im erzbischöflichen Palast waren im Anfange dieses Jahrhundert noch undeutliche Reste eines Wandgemäldes des Totentanzes vorhanden. Vgl. Douce S. 54.

London I. An der Kirchhofswand des alten 1549 abgebrochenen St. Paulsklosters. Die dazu gehörenden Verse waren von dem Mönche John Lydgate der Danse macabre von 1425 nachgedichtet (s. S. 22), das Gemälde muss demnach zwischen 1425 und etwa 1440 hergestellt sein.

Eine Copie ist nicht erhalten, wohl aber Lydgates Text, aus dem sich die Reihenfolge der Personen ersehen lässt (s. unten). Vgl. Douce S. 51 ff.

London II. 'In the tower of London was some tapestry with the Macaber Dance' Douce S, 54. Warton, History of engl. Poetry 2, 43.

Salisbury. An den Wänden der Hungerford-Kapelle in der Cathedrale war ehemals eine Gruppe, welche einen um 1460 gemalten Jüngling in Lebensgrösse neben einem Tode dargestellte und anscheinend der Rest eines alten Totentanzes war.

Vgl. Douce S. 52. — 'One of these paintings, displaying figures of a Beau and Death was engraved by Thomas Langley, from a drawing by J. Lyons 1748.' (J. Britton, Cathedral antiquities Vol. 5 (1836) S. 113.) Eine Abbildung soll in Gough's Sepulchral Monuments in Great-Britain T. II aufgenommen sein.

Stratford (am Avon).

'From a manuscript note by John Stowe, in his copy of Leland's Itinerary. (Vol. IV part 1 p. 69), it appears that there was a Dance of Death in the church of Stratford: and the conjecture that Shakespeare, in a passage in Measure for Measure (Act III sc. 1), might have remembered it, will not, perhaps, be deemed very extravagant. He there alludes to Death and the fool, a subject always introduced into the paintings in question.' Douce S. 53.

Whitehall. Im Schlosse. Gemalt auf Befehl Heinrichs VIII (also zwischen 1509—1547), 1697 verbrannt. Vgl. Langlois 1 S. 217.

Wortley Hall (Gloucestershire). 'There was inscribed, and most likely painted, "an history and daunce of deathe of all estatts and degrees". This inscribed history was the same as Lydgate's, with some additional characters.' Douce S. 53.

Texte.

Lydgate's Daunce of Machabree. Eine bald nach 1425 verfasste Bearbeitung der Pariser Danse macabre, welche dem Totentanze des St. Pauls-Kloster in London beigefügt war.

Der Verfasser ist der bekannte englische Dichter John Lydgate. Wie er in seinem Prologe (s. oben S. 22) mitteilt, hat er das Original in Paris selbst gesehen. Die Reimfolge des Originals hat er zwar übernommen, im übrigen dasselbe aber ziemlich frei behandelt und durch Zusätze erweitert. Er selbst sagt darüber zu Schluss:

Dut of the French I drough it of intent
Not word by word, but following in substance
And from Paris to England it sent,
Only of purpose you to do pleasance.

Zu Worte kommen bei ihm ausser dem Tode: Papst, Kaiser, Kardinal, König, Patriarch, Constabel, Erzbischof, Baron, *Princessin, Bischof, Squire, Abt, Aebtissin, Bayly, Astronom, Bürger, Comon Secular, Kaufmann, Kartäuser, Sergeant, Mönch, Wechsler und armer Mann, Arzt, Liebhaber, *Edelfrau, Jurist, *John Rikil Tregetour, Pfarrer, *Jourrour, Minstral, Arbeiter, Minorit, Kind, Junger Klerk, Eremit, King eaten of Worms, The Doctour. (Den der franz. Vorlage nicht entnommenen Personen ist ein * beigefügt.)

Gedruckt in 'Will. Dougdale's Monasticum Anglicanum' (Bd. 3 der alten Ausgaben), ferner als Anhang von 'The Dance of death painted by H. Holbein and engraved by W. Hollar (1796. 1804; mit Vorwort von Fr. Douce)'. Das den Abdrücken beigefügte Bild, eine Composition des 16. Jahrh., darf nicht für den St. Pauls-Tanz gehalten werden.

Salisbury Text. Vgl. bei dem Bilde in Salisbury und S. 37 f.

Französische Totentänze.

Bildwerke.

Amiens. Gemälde in einem Kreuzgange der Kathedrale, der früher Cloitre-du-Macabré hiess. Zerstört 1817.

Vgl. Langlois 1 S. 220 f., wo Verse, die an der Kirchenmauer zu lesen waren, mitgeteilt werden. Dieselben können die Einleitung des Textes gebildet haben. Mit der Danse macabre von 1425 verraten sie keine Verwandtschaft.

Angers. Im Musée d' Antiquités befindet sich ein Basrelief in Nussholz aus dem 16. Jahrh., 83 cm hoch und 166 cm lang, mit 30 Personen.

Langlois I S. 217: On remarque un pape, un cardinal, deux evêques, des moines, des chevaliers, deux femmes, dont l'une porte une couronne, et l'autre un chaperon, etc. Six des personnages sont en train de danser, et ne sont nullement en garde contre la mort, tandisque les autres tiennent des arcs bandés contre celle-ci, qui est à leur centre et qui, tenant une pelle de la maine gauche, décoche de la droite un javelot à ceux qui l'entourent.

Bar (Dep. Alpes-maritimes).

Als 'La danse macabre du Bar' ist von A. L. Sardou in den 'Annales de la société des lettres etc. des Alpes-maritimes T. VIII (1882) S. 177—189' und in einem 1883 erschienenen Sonderabdrucke ein Kirchenbild beschrieben und abgebildet worden. Dasselbe ist 1,68 m hoch, 1,27 m breit und frühestens zu Ende des 15. Jahrh. in Oel auf Holz gemalt worden. Auf einer Wiese sieht man neben einem Spielmann mit Pfeife und Trommel fünf junge Männer und ebensoviele Frauen einen Kreis bilden und den Reigen treten, allen hüpfen auf dem Haupte ganz kleine Teufelchen, die darauf warten die Seele in Empfang zu nehmen, wenn sie mit dem letzten Atemzuge aus dem Munde entflieht. Ausserhalb des Kreises der Reigenden steht der Tod mit Bogen und Pfeilen. Ein Tänzer und eine Tänzerin, eben getroffen, sind im Begriff hinzustürzen. Ein Toter liegt bereits auf dem Erdboden; seine Seele, die als kleines aus dem Munde aufsteigendes Kindchen dargestellt ist, ergreift ein Teufel. Einen anderen Teufel sieht man eine Seele in den Höllenrachen werfen. Ferner sieht man einen Engel mit einer Wage, deren eine Schale ein Buch, die andere eine Seele trägt. Eine Inschrift auf dem Bilde bietet 33 provenzalische Verse.

Wie man aus der Beschreibung des Bildes erkennen wird, bietet dasselbe durchaus nicht einen Typus der Danse macabre, sondern eine Art Triumph des Todes. Möglich, wenn auch unerweisbar, ist freilich, dass der Maler und Dichter eine Danse macabre gekannt und von ihr Anregungen empfangen haben. In diesem Falle würde es kein, wenngleich leicht erklärlicher, Zufall sein, dass das beigefügte Gedicht in den ausgesprochenen Gedanken an den Anfang der Danse macabre erinnert, und man würde in den Worten (v. 21 f.)

la terribla dansa
Laqual s'appella ben perpetual cremansa

'der schreckliche Tanz, welcher ewiges Brennen (in der Hölle) heisst' eine Reminiscenz an die oben S. 27 angezogene Stelle aus der Danse macabre

La dance macabre s'appelle

finden können.

Der Text des beigefügten Gedichtes besteht aus 33 provencalischen Versen. Sie werden von Sardou mitgeteilt, der zugleich bemerkt, dass sie vorher bereits in der 'Revue des langues romanes' (15. Oct. 1878) und, von einer mangelhaften

Zeichnung des Bildes begleitet, im Bulletin des comités historiques (Fevr. 1851) u. ö. abgedruckt sind.

Blois. Unter den Arkaden des Schlosshofes befand sich früher eine auf Befehl des Königs Louis XII i. J. 1502 gemalte Danse macabre.

Langlois I S. 207. Erhalten ist eine für den Schauspieler Talma angefertigte Copie der menschlichen Figuren.

La Chaise-Dieu (Auvergne). Wandgemälde des 15. Jahrh. in der Abteikirche, 26 m lang, die Figuren sind c. 71 cm hoch. Ein fast vollständig erhaltener Gesammtreigen. Der einzige, aber textlose Totentanz Südfrankreichs.

Figuren: Sündenfall, Prediger auf der Kanzel, Mönch. Hierauf der Reigen des Todes mit Papst, Kaiser, Cardinal, König, Patriarch, Herzog, Bischof, Edelmann, Chorherr, Junker, dann Lücke für ein Tanzpaar, Kleriker, Bürger, Kanonissin, Kaufmann, Nonne, Sergeant, Frau, Mann, Knappe, Liebhaber, Advocat, Spielmann, Wucherer, Arbeiter, Mönch, Kind, Clerk, Eremit, Gruppe von 3 Personen (Allerlei Stände?), Prediger mit einem Blatte in der Hand. (Einige Figuren sind von mir vielleicht falsch gedeutet.)

Abbildung etc. A. Jubinal, La danse des morts de la Chaise-Dieu. Paris 1841. 4. — Unvollständig und minder gut: Ad. Michel, L'ancienne Auvergne et le Valay. Atlas. Moulins 1847. Fol. Planche 119—21 (bzw. 96—98). — Darnach bei Langlois T. II Pl. XVII.

Cherbourg. In einem Seitenschiffe der gotischen Kirche befanden sich einzelne zu Ende des 15. Jahrh. hergestellte und 1793 zerstörte Basreliefs, von denen nur ein Scelett mit einer Trommel erhalten ist. In den einzelnen Gruppen fanden sich alle Stände vom Papst und König bis zum Bettler in Figuren, die 70 cm hoch waren. Vgl. Langlois I S. 205 f.

Clermont, (Dep. Mayenne).

'A l'église de Clermont, près Laval, on voit une véritable danse macabre, très-remarquable par la conversation et par l'exécution de la peinture'. Bulletin monumental 19 (1853) S. 592.

Dijon I. Nach einer archivalischen Notiz hat ein gewisser Masoncelle für das Kloster Sainte-Chapelle 1436 einen Totentanz gemalt. Vgl. Peignot S. XXXVII.

Dijon II. Die Kirche Notre-Dame besass einen Teppich von grosser Länge und zwei Fuss Breite, auf welchem ein vollständiger Totentanz gestickt war. Vgl. Peignot S. XXXVII.

Dôle (Franche-Comté). Langlois I S 219.

Erhalten sind nur folgende Verse. Tod zum Jüngling: *Ah, galand, galand, Que tu es fringand! S'il te faut-il meurre.* Antwort: *Et mort arrogan, Pren tout mon argean Et me laisse queurre.*

Josselin (Dep. Morbihan). In der Kirche Notre-Dame.

'Fresque représentant une danse macabre qui existe dans une chapelle au fond de cette église.' Bulletin monum. 9 (1843) S. 6.

Kermaria (Bretagne). Wandgemälde des 15. Jahrh. in der Kirche Notre-Dame, auf beiden Seiten des Kirchenschiffes über den Arkaden.

Die Figuren bilden einen Gesammtreigen, jede steht in einer besonderen gemalten Arkade. Es sind ausser dem Tode Papst, Kaiser, Cardinal, König, Patriarch, Connetabel, Erzbischof, Ritter, Bischof, (dann jetzt Lücke für 5 Paare,)

Kartäuser, Sergeant, Mönch, Fräulein (an Stelle des hierher gehörenden fehlenden Todes), Wucherer mit dem Armen, Liebhaber, Spielmann, Arbeiter, Franciscaner, Kind. Es sind also die Figuren der Pariser Danse macabre ohne Kanoniker, Kaufmann, Arzt, Advocat, Pfarrer, Clerc, Eremit, Prediger und totem Könige. Daneben eine Darstellung der drei toten und lebenden Könige.

Der Text, von dem nur einige Strophen lesbar sind, stimmt mit der Pariser Danse macabre vollständig überein.

Abbildung etc.: Soleil, Les heures gothiques. Rouen 1882. S. 281—87.

Landivisiau (Dep. Finistère). An einem Beinhause. 17. Jahrh.

Vgl. Bulletin monumental 16 (1850) S. 457.

Paris. Die berühmte Danse macabre, ein Wandgemälde am Beinhause auf dem Kirchhofe des Minoritenkloster Aux Saints Innocents. Gemalt 1425. zerstört vor 1532. (Vgl. S. 22 ff.)

Copie des Textes und wahrscheinlich auch des Gemäldes bietet die 1485 erschienene editio princeps der Danse macabre (siehe bei den Texten). Der Reigen des Todes fand darnach unter 15 Arkaden statt, in jeder waren zwei Tanzpaare mit je einem geistlichen und einem weltlichen Stande (Papst und Kaiser, Kardinal und König, etc.).

Die Oertlichkeit und äussere Geschichte dieses Totentanzes behandelt besonders V. Dufour, La dance macabre des SS. Innocents de Paris. Paris 1874. — Ders., Recherches sur la dance macabre. Paris 1873. (Nicht benutzt; der Verf. will nachweisen, dass ein gewisser Jehan d'Orleans der Maler war.) — Paris à travers les âges. Paris 1875—82. Fol. Tom. 1 S. 19 ff. (Geschichte des Kirchhofs und der Danse macabre).

Plouedern (Bretagne). An einem Beinhause. 17. Jahrh.

Vgl. Bulletin monumental 16 (1850) S. 457.

La Roche-Maurice (Dep. Finistère).

'L'ossuaire est de l'an 1689 . . . Dans cette ornementation, on remarque particulièrement une danse macabre, représentation des différentes conditions de la destinée humaine, sous la forme de divers personnages, comme par exemple, le pape, le roi, le chevalier, le moine, le laboureur, etc., et à côté d'eux est la mort armée d'un dard, avec cette devise: „Je vous tue tous.“ Bull. monum. 16 (1850) S. 456 f.

Rouen. Sculpturen aus d. J. 1526—29. An den 31 Säulen des Kreuzganges, welche den Kirchhof des Klosters St. Maclou einschliessen, befindet sich je eine Gruppe unter den Capitälen.

Abbildungen etc. bei Langlois 1 S. 31 ff. Erkennbar sind noch der Sündenfall, Kaiser, König, Connetabel, Herzog, Papst, Cardinal (oder Legat), Bischof, Benedictinerabt, Kartäuser u. a. An den Säulen der einen Seite sind Sibyllen und allegorische Darstellungen der Tugenden.

Sainte-Marie-aux-Anglais (Normandie, bei Lisieux). Wandgemälde in der Kirche.

'Sous le badigeon qui s'écaille, on voit paraître une de ces Danses Macabres si célèbres et si rares en France.' Zeitungsnotiz v. J. 1844, mitgeteilt bei Kastner S. 107.

St.-Ouen-des-Vallons (Dep. Mayenne).

'En démolissant notre vieille église de St.-Ouen-des-Vallons, nous avons retrouvé sous un badigeon qui les recouvrait, de vieilles peintures murales très-curieuses. Elle représentaient une sorte de danse macabre.' Bull. monum. 19 (1853) S. 591 f.

Somme-Py (Dep. Marne). 15. Jahrh. An einem Kirchenpfeiler. 'Les piliers sont composés de 9 colonnes réunies en faisceau et couronnés d'un large chapiteau . . . Le plus curieux en est un qui représente une danse macabre d'un dessin assez soigné et composé d'une vingtaine de personnages; malheureusement la hauteur à laquelle il est placé empêche qu'on le puisse facilement étudier.' Bulletin monumental 17 (1851) S. 408.

Texte.

Wie S. 10 ff. nachgewiesen ist, hat es bereits im 14. Jahrh. einen französischen Totentanztext gegeben. Dieser Totentanz liegt nur noch in mittelniederdeutscher und spanischer Umarbeitung vor. Erhalten ist nur der französische Text, welcher ursprünglich zu dem 1425 gemalten Totentanze des Klosters Aux Innocents zu Paris gehört hat. Es sind zwei Fassungen zu unterscheiden (vgl. oben S. 21).

La danse macabre in kürzerer Fassung. Einige Strophen haben sich auf dem Gemälde in Kermaria erhalten. Ausserdem bieten ihn auf ihren philologischen Wert noch nicht untersuchte Handschriften und ein alter Druck v. J. 1485.

Handschriften: Paris Bibliothèque nation. Fonds lat. 14904; ebd. Fonds franç. 25550; Lille, Bibl. publ. — Druck: La danse macabre, Paris, Guy Marchant, 28. Sept. 1485. Fol. (Ein einziges Exemplar, in Grenoble. Genaue Beschreibung von Champollion Figeac in Millin's Magazin encyclopédique 1811 Decembre, S. 355—369; Peignot S. 95; Massmann S. 91.)

Neudruck mit getreuer Nachbildung der Holzschnitte bei Le Roux de Lincy et Tisserand, Paris et ses historiens etc. (1867) S. 293 ff. (leider sind die Strophen der erweiterten Fassung v. J. 1486 ohne Scheidung beigefügt) und bei Dufour, La dance macabre S. 120 ff.

La danse macabre in erweiterter Fassung. Dieselbe ist 1486 zuerst gedruckt und, mit andern Dichtungen vereinigt, als Volksbuch in sehr vielen Drucken wiederholt worden.

Personen etc. (Die eingeklammerten Figuren finden sich nur in dieser, nicht aber in der kürzeren Fassung.) Acteur, (1—4. mort), pape, empereur, cardinal, roy, (légat, duc), patriarche, connéstable, archevêsque, chevalier, evêsque, escuier, abbé, bailly, astrologien, bourgois, chanoine, marchant, (maîstre d'escole, homme d'armes), chartreux, sergent, moine, usurier & povre homme, médecin, amoureux, advocat, ménestrel, curé, laboureur, (promoteur, géolier, pélerin, bergier), cordelier, enfant, clerc, hermite mit 2 toden, (hallebardier, sot), roy mort, acteur.

Drucke. Editio princeps: Miroer salutaire pour toutes gens. Paris, Guyot Marchant, 7 juin 1486. — Diese und 24 andere in Paris, Lyon, Troyes, Rouen und o. O. 1486—1729 erschienene sind von Massmann S. 92—109 ausführlich beschrieben, desgl. von Langlois 1, S. 331 ff. — Die Drucke des 18. Jahrh. aus Troyes bieten den Text verstümmelt, willkürlich geändert und in modernisirter Sprache.

Neudrucke: La grande danse macabre des hommes et des femmes précédée du dict des trois mors et des trois vifz du debat du corps et de l'ame, et de la complaincte de l'ame dampnée. Paris, Baillieu o. J. (c. 1860). 4°. (Der Text wiederholt die editio princ. v. 1486; die Holzschnitte sind die einer späten Ausgabe aus Troyes.) — Collection de poesies, romans, chroniques etc. publié d'après d'anciens mss et d'après des éditions des XV. et XVI. siècles. Livr. 24. Paris, chez L. Potier (1858). (Wiederholt La grant danse macabre etc. imprime a Paris XVII. C.)

Heures. Seit der zweiten Hälfte des 15. Jahrh. finden sich in zahlreichen französischen u. a. unter dem Titel Heures, Horae, Hours etc. erschienenen Gebetbüchern als Randverzierungen Gruppen der Danse macabre und dazu gehörige Verse.

Bibliographische Beschreibungen und Verzeichnisse geben Brunet, Nouvelles recherches bibliographiques T. 3; Ders., Manuel du libraire 5 éd. T. 5, Sp. 1553 ff. Massmann, Litter., S. 110 ff.; F. Soleil, Les heures gothiques. Rouen 1882.

Eine 'Danse macabre, inédite, manuscrit d' Anne de Bretagne' wird von A. du Sommerard, Les arts au Moyen-Age T. 1 (1838) S. XIV (Division, chap. 8) erwähnt. Vermutlich ist ein Gebetbuch gemeint.

Alte Uebersetzungen der Danse macabre giebt es in mittelniederdeutscher, englischer (von Lydgate), italienischer (Ballo del morte), lateinischer (von Desrey) und spanischer Sprache (von Carbonell).

Nachahmung: La grande dance macabre des femmes que composa maistre Marcial de Paris, dit d' Auvergne, procureur au parlement de Paris. Publié par P. L. Miot-Frochot. Paris 1869.

Italienische Totentänze.

Bildwerke.

Clusone (Prov. Bergamo). Aus dem 15. Jahrh. Am Giebel der Kirche de' disciplini ist al fresco der Triumph des Todes und darunter ein Totenreigen dargestellt.

Abbildung etc.: C. Vallardi, Trionfo e danza della morte a Clusone. Milano 1859. 4. — Nur weltliche Personen nehmen am Reigen teil, jede trägt eine Summe Geldes in den Händen: Edelfrau, Flagellant, Bettler, Alchimist (?), Arkebusier, Kaufmann, Jüngling, Magister, Arzt (?), Richter (?), Edelmann. — Eine kurze Inschrift lässt den Tod sagen, er halte über Alle gleiches Gericht, er wolle sie selbst, nicht ihr Geld.

Como. Frescogemälde an der Aussenseite der Kirche des h. Lazarus. Aus dem 15. oder 16. Jahrh. Die Figuren in Lebensgrösse bilden einen Reigen.

Abbildung: C. Zardetti, Danza della morte depinta a fresco sulla facciata della chiesa di San Lazzaro fuori di Como. Milano 1845. Erkennbar sind die Reste von 8 aufeinanderfolgenden Paaren; im 4.—6. tanzen weibliche, in den übrigen männliche Personen.

Ferrara I. Fresco im Palazzo della Ragione.

'La Stanza della Conforteria è tutta ne' muri dipinta con una bizarra invenzione del Ballo della Morte, con varj Scheletri, che menano al Ballo diverse condizioni di Persone con alcuni Versi all' antica scritti al di sotto; lavoro di Bernardino de' Flori l' anno 1520.'

Barotti, Pitture e scolture di Ferrara (1770) S. 192. Vgl. Cittadella, Notizie relative a Ferrara 1864, S. 334 not. 1.

Ferrara II. Fresco in der Kirche S. Benedetto. c. 1500.

"A di 6 de Octobre 1499 Lodovigo da Modena (depintore) dè havere a bon conto livre 17 de m. et queste sono per havere depinto lo balo de la morte in la sagrestia, daccordo" etc. Citadella, Documenti risg. la storia artistica ferrarese. 1868. S. 84; Revue critique 13, S. 37.

Text.

El ballo della morte. Handschrift des 15. oder 16. Jahrh. in der Riccardiana in Florenz. Uebersetzung und Nachbildung der kürzeren Fassung der französischen Danse macabre, die von dem Verfasser um einige ungeschickt eingereihte Personen aus eigener Erfindung (Pauper, Amorosa, Senator, Praepositus, Scolare u. a.) vermehrt ist.

Abgedruckt bei Pietro Viego, Le danze macabre in Italia. Studi. Livorno 1878.

Lateinische Totentänze.

Lateinische Totentanztexte liegen in Drucken und Handschriften vor, sie sind sämmtlich Uebersetzungen erhaltener Originale, also ohne selbständigen Wert.

1. Eine Uebersetzung des deutschen vierzeiligen Totentanzes ist zusammen mit diesem in dem Heidelberger Cod. pal. 314 enthalten, der in den J. 1443—47 geschrieben ist.

Anfang: O vos viventes huius mundi sapientes Cordibus opponite duo verba Christi venite Nec nunc et ite per primum janua vitae etc. Vgl. Massmann, Basler Totentänze S. 123.

2. Die jüngere erweiterte Fassung der französischen Dance macabre ist von Pierre Desrey aus Troyes, der sonst als Verfasser mehrerer 1492—1514 erschienener chronikalischer Compilationen bekannt ist, in lateinischen Versen übersetzt. Seine Bearbeitung ist 1490 im Druck erschienen und 1499 wiederholt.

Erster Druck (v. J. 1490): Chorea ab eximio Macabro versibus alemanicis edita et a petro desrey trecacio quodam oratore nuper emendata. Parisiis per magistrum guidonem Mercatorem pro Guidonem Mercatorem pro Godeffrido de Marnef. Fol. — 2. Druck v. J. 1499. — Neu abgedruckt im Speculum omnium statuum etc. Auctore Roderico Episcopo Zamorensi etc. editum ex bibliotheca Melchioris Goldasti. Hanoviae 1613. 4°. S. 231—277. — Monuments de la xylographie VII. Danse macabre reproduite en fac-similé . . . par Adam Pilinski. Paris 1883. Fol.

Der im Titel enthaltene Hinweis auf einen deutschen Verfasser des Originals Namens Macabrus kann nur einer blossen Vermutung des Uebersetzers seine Entstehung verdanken.

3. Eine von Caspar Laudismann verfasste Uebersetzung des Gross-Baseler Textes aus dem 16. Jahrh.

Sie findet sich in C. Laudismanni Decennalia mundanae peregrinationis 1584 (s. Fabricius Bibl. med. et inf. latinitatis 5, 3) und in H. Frölichs Zwen Todtentänz. Vgl. Massmann, Litteratur S. 30.

Niederländischer Totentanz.

Während alle übrigen Länder des Abendlandes Totentänze aufweisen, findet sich in den Niederlanden auffälligerweise keine Spur eines solchen aus mittelalterlicher Zeit[1]). Denn der Titel eines kleinen Schriftchens, 'De nederlandsche Doodendans door J. C. Schultz Jacobi. Utrecht 1849. 8°', das wie ein Hinweis auf einen alten Totentanz mitunter citirt wird, ist insofern irreführend, als in diesem Schriftchen nicht von einem Litteratur- oder Kunstdenkmal gehandelt wird, sondern von einem bei den Kindern in Holland und Nordfrankreich beliebten Kartenspiel, in welchem der Verfasser eine Erinnerung an die alten Totentänze wiederfindet. Dieses Spiel wird nämlich mit Karten gespielt, von denen eine den Tod, eine andere das Leben darstellt, auf den übrigen erscheinen Kaiser, König, Bischof, Prinz, Fürst, Graf, Junker, Jäger, Kapitain, Fähnrich, Soldat, Kaufmann, Bote, Schiffer, Handwerker, Bauer, Knecht und ausserdem noch die Frauen von allen diesen.[2]) Jacobi, der sehr verschiedene Druckabzüge dieser Karten gesammelt hat, teilt als Aufschrift eines Exemplars derselben die Verse mit:

Deez' prente strekke u, lieve jeugd!
Tot tijdverdrijf, vermaak en vreugd;
En leere u, hoe, van keizer af,
Elks deel op't laatsten is het graf.

Wenn, wie es scheint, diese Karten auf alte niederländische Totentanzbilder zurückdeuten, so beweisen sie zugleich, dass jene Bilder dereinst grossen Eindruck auf das Volk gemacht haben. Zu derselben Annahme nötigt auch die Beobachtung, dass in früheren Jahrhunderten die Vorstellung eines Totenreigen volkstümlich gewesen sein muss. So beginnt ein Tanzlied des 17. Jahrh.[3])

Voegd u aen de krans
Van ons Dooden-dans
Overleede Mans
Die kreupel gaen etc.

und in einem älteren Liede niederländischen Ursprungs aus dem Ende des 15. Jahrh. heisst es vom Tode[4])

We myt em hen mot spryngen,
He nympt en bi der hant.

Auf eine Darstellung des Todestanzes in Brügge v. J. 1449 ist S. 15 und auf den niederländischen Ursprung eines erhaltenen niederdeutschen Totentanztextes S. 9 hingewiesen worden.

---

[1]) Vgl. N. C. Kist, Het humoristische karakter der christelijke kunst, zigtbaar vooral in de kerkelijke architectuur en de doodendansen (Archief voor kerkelijke geschiedenis, inzonderheid van Nederland. Deel 15. Leiden 1844. S. 369 ff.) S. 424 ff.

[2]) Ob das in Deutschland von den Kindern gespielte 'Tod und Leben' aus dem holländischen Kartenspiel hervorgegangen ist?

[3]) G. Kalff, Het Lied in de middeleeuwen. Leiden 1883. S. 527 f.

[4]) Veghe, hrsg. von Jostes (1883) S. 392; Hölscher, Geistliche Lieder nr. 68.

Polnischer Totentanz.

Krakau. Im Bernhardinerkloster. Ein Oelgemälde auf Leinwand aus dem 18. Jahrh. Im Mittelbilde sieht man neun Frauen verschiedenen Standes und ebensoviele Skelette um einen Sarg einen Ringelreihen ausführen. Umgeben wird das Mittelbild von 12 kleineren Bildern, deren jedes ein Tanzpaar enthält, nämlich den Tod und Papst, Kaiser, König, Kardinal, Bischof, Polenfürst, Graf, Edelmann, Kaufmann, Bauer, Soldat nebst Bettler, Kind nebst Narr. Beigefügt ist jedem Bilde eine Strophe mit vier polnischen Versen.

Beschreibung: 'Mittheilungen der k. k. Central-Commission. Jahrg. 14 (1869) S. XVIII—XX.' Die hier ausgesprochene Ansicht, dass das Gemälde die Copie eines ältern Gemäldes, etwa des 15. oder 16. Jahrh. sei, ist irrig. Wie ich an einem anderen Orte nachzuweisen gedenke, ist zu dem Krakauer Totentanze ein Kupferstich von Joh. Jac. Ridinger (gest. 1795) benutzt.

Spanische Totentänze.

Ein monumentaler Totentanz ist in Spanien bisher noch nicht nachgewiesen, dagegen sind spanische Totentanzdichtungen erhalten.

La danza general de la muerte, deren Entstehung gewöhnlich um das Jahr 1360 gesetzt wird, ist die älteste der spanischen Totentanzdichtungen.

Die Bedeutung, welche gerade dieser Text besitzt, rechtfertigt eine ausführlichere Inhaltsangabe. Der 79 achtzeilige Strophen bietenden Dichtung geht in der Handschrift, ein kurzer *Prologo en la trasladaçion* in Prosa voran. Von Belang ist in dieser Ueberschrift das Wort *trasladaçion,* welches darauf hinweist, dass das Gedicht aus einer andern Sprache übersetzt ist. Das Gedicht selbst beginnt mit vier Strophen, in denen der Tod seine Macht darlegt. Die erste lautet (in Klein's Uebersetzung):

Ich bin der Tod, der allen Creaturen
Gewiss ist, die in dieser Welt hier leben.
Was folgst du eifrig eines Daseyns Spuren,
Das du, o Mensch, so schnell dir siehst entschweben?
Wenn's keine Riesen, stark genug, kann geben,
Zu trotzen meines Bogens straffem Nerv,
Trifft dich der Pfeil auch tödtlich, den ich werf', —
Hin sinkst du, um dich nie mehr zu erheben.

Darauf erscheint ein Prediger, welcher in 3 Strophen unter Berufung auf die heilige Schrift ausführt, dass alle Geborenen sterben müssen, und zur Vollbringung guter Werke mahnt. 'Thut Busse, bereuet häufiger euere Sünden, wie ihr Vergebung hoffet von dem, der Macht zu vergeben hat. Säumet nicht, denn schon beginnt der Tod seinen schauerlichen Reigen, dem ihr nicht entrinnen könnt. Oeffnet die Ohren seinem trauervollen Gesange!' Darnach fordert der Tod die Menschen jeglichen Standes zum Todestanze *(a la dança mortal)* auf. Wem es nicht beliebe, den werde er mit Gewalt holen. Zuerst ruft er zwei Jungfrauen auf. „Jetzt fordere ich zu diesem meinem Tanze die beiden schönen

Jungfrauen auf. Sie kamen in der üblen Absicht, meine Gesänge, welche so betrübend sind, anzuhören." Nicht Blumen noch Schmuck würden ihnen helfen, sie seien ihm verlobt. Dann wendet sich der Tod an den heiligen Vater. Da derselbe so gewaltig sei und seinesgleichen nicht in der ganzen Welt habe, so solle er im Reigen den Vortanz haben. Der Papst jammert, dass ihm alle seine Machtbefugnisse und Ehren hier nichts nützen und ergiebt sich, Jesus und die Jungfrau Maria anrufend, in sein Geschick. Mit dem Papst beginnt das Zwiegespräch des Todes mit den Vertretern der geistlichen und weltlichen Stände, in welchem der Tod und der von ihm zum Tanze Aufgeforderte je eine Strophe sprechen. Nach einander werden nun zum Tanze vom Tode aufgefordert: Kaiser, Cardinal, König, Patriarch, Herzog, Erzbischof, Condestable, Bischof, Ritter, Abt, Knappe, Dechant, Kaufmann, Archidiaconus, Advocat, Domherr, Arzt, Pfarrer, Bauer, Mönch, Wucherer, Ordensritter (el frayre), Pförtner des Königs, Eremit, Cassirer, Diaconus, Steuereinnehmer (Recabdador), Subdiaconus, Küster, Rabbi Meldaredes, der maurische Hohepriester (el alfaqui), der Almosensammler (el santero). Zum Schluss fordert der Tod alle diejenigen auf, welche er nicht besonders genannt hat (lo que dise la muerte a los que non nombro). — Wenn auch die altspanische Danza general de la muerte eine Uebersetzung ist, so ist doch nicht zu verkennen, dass ihr Verfasser das französische Original nicht allein in sehr freier Umgestaltung wiedergegeben, sondern dasselbe auch durch eigene Zusätze erweitert hat. Sicher sind eigene Zusätze diejenigen Strophen, welche sich auf Würdenträger beziehen, welche nicht in Frankreich, sondern nur im alten Spanien vorkamen, wie z. B. el Alfaqui, der maurische Priester, oder nur in Spanien zu besonderer Geltung kamen, wie der Rabbi und der Recabdador. Ferner steht es im Widerspruch zu Str. 11, in welcher der Tod dem Papste ausdrücklich als ihm gebührende Ehre den Vortanz zuerteilt *(e deste my dança sera guiador)*, wenn trotzdem vor dem Papst der Tod zwei Jungfrauen zum Tanze auffordert. Es müssen also auch die an diese gerichteten Strophen 9 und 10 ursprünglich gefehlt haben. Wenn Amador de los Rios und Wolf (Beiträge zur Gesch. d. castilischen Nationalliteratur S. 133) Recht haben, ist die Danza general 1360 entstanden. Diese Annahme ruht jedoch auf sehr schwacher Grundlage; sie stützt sich wesentlich darauf, dass dieselbe Handschrift, welche sie enthält, ausserdem noch ein sicher im 14. Jahrh. verfasstes Gedicht enthält. Die Ergebnisse der S. 8 ff. geführten Untersuchung sind der Annahme, dass die Danza general das ihr von jenen Gelehrten zugesprochene Alter hat, nicht günstig, und es scheinen diejenigen im Rechte zu sein, welche sie nicht über das 15. Jahrhundert hinaufrücken. Diesem muss sie freilich spätestens angehören, da die Handschrift bereits so alt ist.

Ausgaben: Ticknor's Geschichte der schönen Litteratur in Spanien, deutsch von Julius. Th. 2. S. 598—612. Correcter ist der Abdruck in den Poetas castellanos anteriores al siglo XV, colleccion hecha por Tomas Ant. Sanchez continuada por Pedro José Pidal, considerablemente aumentada e illustrada por Florencio Janer. Madrid 1864, S. 379—385 (Biblioteca des autores espan. etc. vol. 57). — Einzelausgabe mit Facsimile: La danza de la muerte, poema castellano del siglo XIV, public. etc. por Flor. Janer. Paris 1856.

Inhaltsangabe etc. bei José Amador de los Rios, Historia critica de la literatura española Tom. 4. Madrid 1863. S. 491—508; J. L. Klein, Geschichte des Dramas VIII. Das spanische Drama. Bd. 1. Leipzig 1871. S. 261—283. Vgl. ferner Ludw. Carus, Darstellung der span. Litter. im Mittelalter. Bd. 2 (1846) S. 305 f.

Erweiterung: La dança de la muerte. Ympressa etc. Sevilla 1520. Neuer Abdruck bei Amador de los Rios a. a. O. Tom. 7. S. 507—540. Eine durch viele neue Personen auf 136 Strophen erweiterte Bearbeitung.

Carbonell's Dança de la mort. Catalonische Übersetzung der französisen Danse macabre in kürzerer Fassung, vermehrt durch einige neue Personen. Die Übersetzung muss spätestens i. J. 1497 gemacht sein, da bereits zu Schluss desselben Jahres Carbonnell eine Fortsetzung der Dança verfasst hat.

Ausgabe. Opusculos inéditos del cronista catalan Pedro Miguel Carbonell ilustrados etc. por Manuel de Bofarull y de Sartorio. Tom. 2. Barcelona 1865 (= Coleccion de documentos ineditos del archivo general de la corona de Aragon) S. 267—296.

Die Fortsetzung 'Carmina in tetrae mortis orrendam coream diebus festis Jesu Christi Maximi nataliciis anni salutis M.CCCCXCVII dum vulgus incertum ludis taxilariis vacaret composita' ebd. S. 297 ff.

Anfang: O creatura rahonable, Qui desiges vida terrenal Tu has açi regla notable Per ben finir vida mortal La present dança que veus tal Es de la mort poc delitosa Morir a tots es natural La mort es vil molt odiosa. — Personen: Papa, Emperador, Cardenal, Rey, Patriarcha, Capita o Conestable, Archabisbe, Cavaller, Bisbe, Gentilhome, Abbat, Governador, Astrolec, Burges, Canonge, Mercader, Cartuxa, Porter, Monio, Usurer, (die dem 'armen Manne' in dem franz. Originale beigefügte Strophe folgt hier mit der Überschrift: Parla la mort mes avant contra lo Usurer), Metge, Enamorat, Advocat, Ministrer, Curat, Cavador, Frare menor, Infant, Schola, Hermita, Donzella, Monge, Vidua, Maridada, Notari, Rey que iau dins una tomba o moniment. — Über die Subscription in der Handschrift vgl. oben S. 28.

Des Tuchscherers **Juan de Pedraza** 'Farsa llamada Dança de la muerte' v. J. 1551 ist neu herausgegeben und besprochen von Ferd. Wolf 'Ein spanisches Frohnleichnamsspiel vom Todtentanz', in den Sitzungsberichten der K. Akad. d. Wiss. in Wien, phil.-hist. Classe Bd. 8 (1852) S. 114—150 und von Ed. Gonzales in den 'Autos sacramentales desde su origin hasta fines del siglo XVII. Pedroso 1865.' Dieses Drama, in welchem ausser dem Tode Papst, König, Dame, Hirt, Vernunft, Zorn und Verstand agiren, ist keine Dramatisirung eines eigentlichen Totentanzes. Immerhin ist es ein Zeugnis dafür, dass der Totentanz dereinst auch in Spanien volkstümlich war.

Holbeins Todesbilder.

Wie Goethes Bearbeitung des Reineke Fuchs die alte Dichtung Leserkreisen zuführte, welche der Litteratur des Mittelalters sonst keine Aufmerksamkeit schenkten, so erhielten Holbeins Todesbilder das mittelalterliche Totentanzmotiv der modernen Kunst.

Angeregt durch den alten Totentanz seiner Vaterstadt Basel zeichnete der jüngere Holbein eine Folge kleiner Bildchen, welche, von seinem Landsmanne Hans Lützelberger in Holz geschnitten, eine eigenartige Umbildung seines Vorbildes bieten. Es ist, genau genommen, falsch, wenn jene Bildchen von Alters her 'Holbeins Totentanz' genannt werden, doch knüpft ihre Entstehung an den mittelalterlichen Totentanz an, und anderseits sind fast alle später entstandenen Totentänze durch Holbeins Zeichnungen beeinflusst.

Der älteste Typus der Totentanzgemälde war, wie die Übereinstimmung der ältesten französischen und niederdeutschen Darstellungen beweist, der Ketten- oder Ringelreigen. Sämtliche Tanzpaare bilden eine lange, zusammenhängende Kette, in welcher jede Figur eine Hand dem Nachbar zur Linken, die andere dem zur Rechten reicht.

Ein jüngerer Typus entstand durch Auflösung des Kettenreigens in einzelne Tanzpaare. Nur dem eigenen Tanzpartner reicht der Tod die Hand oder tritt mit ihm auch ohne Handreichung zum Tanz an. Beispiele bieten die mittelalterlichen Totentänze Süddeutschlands, auch die gedruckten. Während der älteste Typus sämtliche Paare notwendigerweise an derselben Stelle — gewöhnlich einer Wiese — und zu derselben Zeit den Reigen treten lassen musste, fiel diese Notwendigkeit bei der Auflösung in Einzelpaare, sobald jedes Tanzpaar seine besondere Bildfläche erhielt, zwar fort, thatsächlich wurde aber gegen die alte Anschauung, dass der Tanz aller Paare auf derselben Stelle zu denken sei, im Allgemeinen nicht verstossen. Nur die Holzschnitte des hochdeutschen achtzeiligen Totentanzes und die Lübecker Drucke bieten einige nicht sehr in die Augen fallende Ausnahmen, indem einigemal der Fussboden wechselt.

Eine Abart dieser Typen liegt vor, wenn der Reigen in einen Tanzaufzug, in welchem die Paare hinter einander herschreiten, verwandelt wird.

Der Holbeinsche Typus ist aus dem jüngeren Typus, wie er in Basel dem Künstler vor Augen stand, entwickelt. Auf Einheit des Ortes, der Zeit und der Handlung verzichtend, löste Holbein nicht nur nach Art der gedruckten Totentänze den Totentanz in Einzelbilder auf, sondern er liess auch das Tanzmotiv fallen. Nicht die Allegorie, dass der Mensch nach der Pfeife des Todes tanzen muss, kommt in seinen Bildern zum Ausdruck, sondern der allgemeine Gedanke, dass Jeder unerwartet vom Tode heimgeholt wird. Von dem Zwange des gleichen Ortes und des Tanzmotivs befreit, konnte Holbein, der nur den Wechsel und die Abstufung der Stände beibehielt, jedes Bildchen selbständig und unabhängig von den übrigen gestalten und somit seiner künstlerischen Erfindungs- und Gestaltungsgabe ohne Schranken Raum geben. Die Scenerie ist überall verschieden, das Tanzmotiv nur vereinzelt beibehalten, häufig sind dem Tode und dem ihm verfallenen Menschen noch andere Personen beigefügt. Dem Könige läst Holbein den Tod während des Mahles an reich besetzter Tafel die Schale reichen. Auf dem Schlachtfelde durchbohrt der Tod den verzweifelt gegen ihn kämpfenden Krieger mit der Lanze. Auf stürmischer See tritt er unter die Mannschaft eines scheiternden Schiffes. Er tritt zum Arzte, in dessen Studierzimmer er einen kranken Greis geführt hat usw.

Die Auflösung des Gesamtbildes in Einzelgruppen, die Kleinheit und Zierlichkeit der Holzschnitte an Stelle der monumentalen Kirchenbilder machten die Holbeinschen Zeichnungen des grossartigen Eindruckes verlustig, welchen die durchgeführte Einheit der Conception und die elementare Wirkungskraft grosser Verhältnisse den monumentalen Totentänzen gesichert hatten. Anderseits überragten die Holbeinschen Holzschnitte, nach dem Urteile sachkundiger Kenner auch heute noch unübertroffene Meisterwerke, nicht nur in künstlerischer Beziehung alle alten gemalten und gedruckten Totentänze, sie entsprechen gerade durch ihre Zierlichkeit und den mannigfaltigen Inhalt der Vorliebe des sechzehnten Jahrhunderts für die Kleinkunst und lehrhaft moralischen Inhalt, eine Vorliebe, die sich bekanntlich auch auf dem Gebiete der Litteratur in breitester Weise durch die Bevorzugung der gnomischen und satirischen Dichtung äussert.

Holbeins in Buchform 1538 erschienener Totentanz war bald in zahllosen Abdrücken und Nachstichen in fast allen Ländern verbreitet. Während in Frankreich die alte Danse macabre als Volksbuch neben den Holbeinschen Zeichnungen sich erhielt, verdrängten diese in Deutschland sämtliche ältern Druckwerke, wenn man von den Merianschen Kupfern des Basler Totentanzes absieht, vom Buch- und Kunstwerke und werden noch heute häufig herausgegeben und nachgeahmt.

Die französischen vierzeiligen Verse. welche Corozet der ersten in Lyon erschienenen Ausgabe beigefügt hatte, wurden für spätere Ausgaben von Luthers Schwager Georg Aemilius (eig. Ömmel) in das Lateinische übersetzt. Deutsche Reime fügte an ihrer Stelle der Lehrer Fischards, der geniale Bearbeiter des Grobianus, Caspar Scheidt hinzu. Diese erschienen 1557 zu Worms und wurden bereits im folgenden Jahre in das Niederdeutsche mehr umschrieben, als übersetzt.

Vgl. A. Woltmann, Holbein und seine Zeit, 2. Aufl. (1874) Bd. I., S. 258 ff., II. S. 174 ff. und die übrige S. 39 angegebene Litteratur.

Ausgaben. Das vollständigste Verzeichnis der Drucke der Holbeinschen Todesbilder und seiner Nachahmungen bietet Massmann, Litteratur der Totentänze, S. 7—61. Bevor Holbeins Zeichnungen 1538 in Lyon als Buch erschienen, waren schon in Basel von den Holzstöcken Probeabzüge hergestellt. (Facsimile: Hans Holbein's Dance of Death, illustr. by a series of photho-lithogr. facsimiles of the first edition in the British Museum. By H. Noel Humphreys. London 1868. — Holbeins Totentanz. Nach dem Exemplar der ersten Ausgabe im Kgl. Kupferstichcabinet zu Berlin in Lichtdruck nachgebildet von A. Frisch. Hrsg. von Frdr. Lippmann, Berlin 1879. Später auch mit engl. Texte). — Die erste Buchausgabe mit Text: Les simulachres & historiees faces de la mort etc. Lyon (Melchior et Gaspar Trechsel fratres). 1538, kl. 4°. (Facsimileausgaben: The Holbein-Society's Fac-simile Reprints. Les Simulachres etc. translat. and ed. by Henry Green. Manchester and London 1869. 4°. — Liebhaber-Bibliothek alter Illustratoren in Facsimile-Reproduction. Bdch. 10. München 1884. 4°). — Die erste Ausgabe mit lateinischem Texte: Imagines de morte et epigrammata e Gallico idiomate à Georgio Aemylio in Latinum translata. His accesserunt Medicina animæ etc. Lugduni, 1542. 8°. — Scheidt's Übersetzung erschien zuerst 1557: Der Todten-Dantz, durch alle Stende vnd Geschlecht der Menschen. Mit sampt der heylsamen Artney der Selen. Im Jar MDLVII. 8°. — Niederdeutsch: De Dodendantz, dorch alle Stende vnd Geslechte der Minscken, darin er herkumst vnnd ende, nichticheit vnd sterfflicheit, alse in enem Spegel tho beschowende vorgebildet, vnd mit schönen Figuren getzieret. Sampt der heilsamen Arstedie der Selen. D. Urbani Regij. MDLVIII. 8°. [Berlin, Helmstädt, Wolfenbüttel. Vergl. Bruns Beiträge S. 324. Korrespondenzblatt 4, 96.]

Figuren etc. (nach der Ausgabe von 1538): Erschaffung Evas, Sündenfall, Vertreibung aus dem Paradiese, Adam baut die Erde. Musicirende Gerippe, Papst, Kaiser, König, Cardinal, Kaiserin, Königin, Bischof, Herzog, Abt, Aebtissin, Edelmann, Domherr, Richter, Fürsprech, Ratsherr, Prädicant, Pfarrer, Mönch, Nonne, Altes Weib, Arzt, Astrolog, Reicher, Kaufmann, Schiffer, Ritter, Graf, Altmann, Gräfin, Edelfrau, Herzogin, Krämer, Ackermann, Kind, Jüngstes Gericht. Wappen des Todes. (In der Lyoner Ausgabe von 1545 ausserdem noch Kriegsmann. Spieler, Säufer, Narr, Räuber, Blinder, Kärtner, Siecher, Kindergruppen). — Die Probeabzüge zeigen eine andere Figurenfolge, voranstehen die biblischen Scenen, dann folgt die Reihe der geistlichen Würdenträger vom Papst bis zur Nonne. dann die der weltlichen vom Kaiser bis zum Ritter, zu Schluss die bürgerlichen Stände, der Richter, Fürsprech usw.

Initialen. Ausser den Todesbildern hat Holbein ein Alphabet Initialbuchstaben angefertigt. in und um welche Gruppen mit dem Tode gezeichnet sind. Neue Ausgabe von Ellissen und Lödel s. oben S. 40. Darnach: L'alphabet de la mort de H. Holbein publ. par A. de Montaiglon. Paris 1856. (Mit engl. Texte eb. 1856). — Ferner hat Holbein einen Totentanz von 6 Paaren (König, Königin. Fähnrich, Bürgerin, Mönch, Kind) als Schmuck einer Dolchscheide gezeichnet. Abbildungen bieten Douce und Langlois Planche XXIV.

Anhang.

Der alte lübisch-revalsche Totentanztext.

Der Text, der dereinst unter den Figuren des Totentanzes der Marienkirche zu Lübeck und seiner Copie in Reval zu lesen war, ist nur unvollständig erhalten. Von den 404 oder mehr Versen, welche er umfasst haben muss, sind nur 294 überliefert. Zwei Verse aus der Strophe des Kindes vereinzelt (siehe zu V. 389 f.), von den übrigen der kleinere Teil auf den erhaltenen Resten des Revaler Bildes, der grössere in Melle's alter Abschrift dessen, was 1701 noch von dem Lübecker Texte lesbar war (s. oben S. 43).

Der Abdruck des Textes, der diesen Vorbemerkungen folgen wird, vereinigt zu einem Ganzen, was sich getrennt, in Reval und Lübeck, erhalten hat. Für den Revaler Teil liegen die Lesungen zu Grunde, welche Russwurm und Hansen an den oben S. 46 verzeichneten Orten veröffentlicht haben, für das übrige der von Mantels gegebene Abdruck der Abschrift Melle's.

Wenngleich die Genauigkeit, durch welche Melle's übrige Abschriften sich auszeichnen, auch für den Totentanz anzunehmen ist, so rechtfertigen doch verschiedene Stellen in seiner Abschrift die Vermutung, dass hin und wieder ein unlesbar gewordenes Wort ausgelassen ist. Ferner kann es keinem Zweifel unterliegen, dass in ihr, wie bereits S. 44 bemerkt wurde, die Reihenfolge der Strophen in Verwirrung geraten ist. Die richtige Ordnung ist mit ziemlicher Sicherheit herzustellen, wenn berücksichtigt wird: 1) die Reihenfolge, welche durch die Schlussverse der vom Tode gesprochenen Strophen gefordert wird; 2) dass der Inhalt der Strophe dem Stande der Person entspricht, welcher sie zugeteilt wird; 3) der Totentanz von 1489 (vgl. oben S. 35 f.); 4) die Reihenfolge der Figuren des in einer Erneuerung erhaltenen Gemäldes in Lübeck. Der durch diese Hinsichten bedingten Reihenfolge entspricht die Ordnung der Strophen, welche aus teilweise anderen Gründen bereits Mantels für die richtige erklärt hat und die deshalb in dem nachfolgenden Abdrucke beibehalten ist. Doch ist in diesem durch lateinische Ziffern, die in Klammern beigefügt sind, die von Melle gebotene Reihenfolge kenntlich gemacht. Wenn H. Baethcke in seinem 'Versuch zur Herstellung des alten niederdeutschen Textes' (s. oben S. 45) in Bezug auf die richtige Reihenfolge der Strophen zu einem ganz abweichenden Ergebnisse gelangt ist, so trug eine irrige Voraussetzung daran die Schuld. Baethcke, dem der Revaler und altcastilische Totentanz offenbar unbekannt gewesen war, hatte nämlich nicht geglaubt, dass die Schlussverse der dem Tode zugeteilten Strophen an die folgende Person gerichtet sein könnten. Er nahm an, dass jeder Schlussvers ebenso, wie es der Fall in den übrigen ihm bekannten deutschen Totentänzen war, mit den vorangehenden Versen derselben Strophe zu ein und derselben Person gesprochen werde. Die Folge dieses Irrtums war, dass er in jenen angeblich entstellten Schlussversen allerlei Änderungen zur vermeintlichen Herstellung des ursprünglichen Wortlautes vornehmen und zugleich zu anderen Ergebnissen als Mantels und der Verfasser dieser Untersuchungen kommen musste.

Die litteraturgeschichtliche Stellung des lübichen Textes und sein Verhältnis zu den übrigen Totentänzen ist bereits in den vorangegangenen Untersuchungen eingehend dargelegt worden. Es erübrigt hier nur noch der Hinweis, dass der überlieferte Text einige sprachliche Eigentümlichkeiten aufweist, welche weder durch das lübische, noch überhaupt durch das gemeine Mittelniederdeutsch sich erklären lassen, sondern mittelniederländischer Herkunft sind, und die Folgerung rechtfertigen, dass der Lübecker Totentanz eine mittelniederländische Vorlage gehabt hat. Die zum Beweise dienenden Sprachformen werden in den Anmerkungen, die dem Abdrucke folgen, zu Vers 184. 236. 332 u. a. hervorgehoben werden. Sie finden sich sämtlich im Reime. Der niederdeutsche Bearbeiter hat sie augenscheinlich nur beibehalten, weil an den betreffenden Stellen sich ihm kein niederdeutscher Reim leicht darbot und bei dem regen Verkehr, in welchem Brügge und Lübeck standen, in letzterer Stadt einige flandrische Formen das Verständnis des Textes trotz ihrer Fremdartigkeit nicht gerade gefährdeten.

Die im Revaler Totentanze erhaltene Copie des lübischen Textes enthält derartige Sprachformen nicht; sei es, dass das Lübecker

Original sie innerhalb der dort erhaltenen Strophen gleichfalls nicht bot, sei es, dass sie bei der Anfertigung der Copie durch niederdeutsche Formen ersetzt worden sind. Bemerkenswert ist dabei übrigens, dass der Revaler Text frei scheint von Sprachformen oder Schreibungen, welche sich durch mundartliche Besonderheiten der russischen Ostseeprovinzen erklären. Man wird hieraus folgern können, dass die Revaler Copie nicht nach einer Skizze in Reval, sondern vielmehr in Lübeck selbst von einem Lübecker Künstler ausgeführt worden ist. Es kann das nicht viel vor oder nach d. J. 1500 geschehen sein. Einerseits zeigt nämlich der Revaler Text den Vokalismus des ausgehenden 15. Jahrhunderts, anderseits ist er frei von den orthographischen Unarten (*-nn* für *-n*, *nh* für *n*, *h* als Dehnungszeichen usw.), welche im 16. Jahrh. allgemein üblich werden.

Der Abdruck lässt die etwaigen bloss mundartlichen Änderungen der Lautform, die bei den alten Erneuerungen der Gemälde eingeflossen sein mögen, unberührt. Gebessert ist, was in den veröffentlichten Abschriften, vielleicht auch in einigen Fällen schon bei den Übermalungen verlesen oder ausgefallen scheint.

Unter dem Texte ist angegeben, wo von Melle's Abschrift *(M)* des Lübecker und Hansens *(H)* Lesung des Revaler Totentanzes abgewichen ist. Russwurm's ältere Lesung *(R)* des letzteren ist nur, wo sie noch beachtungswert schien, angemerkt worden. Den von Mantels und Baethcke übernommenen Besserungen des Textes ist der Name ihres Urhebers beigefügt.

Überschriften, Interpunktion und Normirung des *u*, *v*, *w* fehlen natürlich den Originalen.

---

1. Der Prediger auf der Kanzel.

Och redelike creatuer, sy arm ofte ryke,
Seet hyr dat spectel, junck unde olden,
Unde dencket hyr aen ok elkerlike
Dat sik hyr nemant kan ontholden,
Wanneer de doet kumpt, als gy hyr seen.
Hebbe wi den vele gudes ghedaen,
So moghe wi wesen myt gode een,
Wy moten van allen loen untfaen.
Unde lieven kynder, ik wil ju raden,
Dat gi juwe scapeken verleiden nicht,
Men gude exempel en opladen,
Eer ju de doet sus snelle bilicht.

2. Der Tod an Alle.

To dessem dansse rope ik alghemene
Pawes, keiser unde alle creaturen,

---

1. 29. Ach *R.* Och *H.* — 10. verleide *H.* — 11. gude *R.* gute *H.* — 13. dessem dansse *M.* dussen dantse *H.* — 14. pawest *M.* pawes *H.*, creaturen *M.* creature *H.*

Arme, ryke, grote unde klene.
Tredet vort, wente nu en helpet nen truren!
Men dencket wol in aller tyd,
Dat gy gude werke myt ju bringen
Unde juwer sunden werden quyd,
Went gy moten na myner pypen springen.

3. Tod zum Papste.

Her pawes, du byst hogest nu,
Dantse wy voer, ik unde du!
Al hevestu in godes stede staen,
Een erdesch vader, ere unde werdicheit untfaen
Van al der werlt, du most my
Volghen unde werden als ik sy.
Dyn losent unde bindent dat was vast,
Der hoecheit werstu nu een gast.

4. Papst.

Och here got, wat is min bate,
Al was ik hoch geresen in state,
Unde ik altohant moet werden
Gelik als du een slim der erden?
Mi en mach hocheit noch rickheit baten,
Wente al dink mot ik nalaten.
Nemet hir exempel, de na mi siet
Pawes, alse ik was mine tit!

5. Tod.

Dat were gud in ly. bekennt (?)
(v. 38—43 nicht erhalten.)
(zum Kaiser)
Her keiser, wi moten dansen!

6. Kaiser.

O dot, dyn letlike figure
Vorandert my alle myne natture.
Ik was mechtich unde rike,
Hogest van machte sunder gelike.
Koninge, vorsten unde heren
Mosten my nigen unde eren.
Nu kumstu, vreselike forme,
Van mi to maken spise der worme.

7. Tod.

Du werst gekoren, — wil dat vroden! —
To beschermen unde to behoden
De hilgen kerken der kerstenheit
Myt deme swerde der rechticheit.

---

15. arme *M.* arm *H.* grote *M.* groet *H.* — 16. wente nu *M.* went ju *H.* — 30. geresen *R.* gewesen *H.* — 33. en *fehlt H.* — 37. *So nach R., nach H. ist der Vers unlesbar.* — 45. dyn] du *H.* — mechtig *H.* mechtich *R.* — 51. Nu] Du *H.*

Men hovardie heft di vorblent,
Du hefst di sulven nicht gekent,
Mine kumste was nicht in dinem sinne.

(zur Kaiserin)

Du ker nu her, frou keiserinne!

8. **Kaiserin.**

Ick wet, my ment de doet!
Was ick ny vorvert so grot!
Ik mende, he si nicht al bi sinne,
Bin ik doch junck und ok eine keiserinne.
Ik mende, ik hedde vele macht,
Up em hebbe ik ny gedacht
Ofte dat gement dede tegen mi.
Och, lat mi noch leuen, des bidde ik di!

9. **Tod.**

Keiserinne hoch vormeten,
My duncket, du hest myner vorgheten.
Tred hyr an! it is nu de tyt.
Du mendest, ik solde di schelden quit.
Nen! al werstu noch so vele,
Du most myt to dessem spele
Unde gi anderen alto male!

(zum Kardinal)

Holt an, volge my, her kardenale!

10. **Kardinal.**

Ontfarme myner, here, salt schen,
Ik kan di niegensius entflen.
Se ik vore efte achter my,
Ik vole den dot my alle tyt by.
Wat mach de hoge staet my baten,
Den ik besat? ik mot en laten
Unde werden unwerdiger ter stunt
Wen ein unreyne stinckende hunt.

11. **Tod.**

Du werest van state gelike
En apostel godes up ertryke
Umme den kersten loven to sterken
Myt worden unde anderen dogentsammen werken.
Men du hest mit groter hovardichit
Up dinen hogen perden reden.
Des mustu sorgen nu de mere!

(zum König)

Nu tret ok vort her, koningck here!

---

62. 63. ich *R. H.* — 78. di niegensins] di nie gensins *H.* deme gensins *R.* — 80. den *R.* gen *H.* — 81. staet] saet *H.* — 85. von *H.* van *R.* — 89. hoverdichit, *lies* hoverdichede.

12. **König.**

O dot, dyne sprake heft my vorvert,
Dussen dans en hebbik nicht gelert!
Hertogen, rydder unde knechte
Dagen vor my durbar gerichte,
Unde juwelik hodde sick de worde
To sprekende, de ick node horde.
Nu komstu unvorsenlik
Unde berovest my al myn ryk.

13. **Tod.**

Al dyne danken hestu geleyt
Na werliker herlicheyt.
Wat batet? du most in den slik,
Werden geschapen myn gelik.
Recht gevent unde vorkeren
Hestu under dy laten reigeren,
Den armen niegene leed want!
(zum Bischof)
Her bischop, nu holt an de hant!

(V. 108—180 sind nicht erhalten, sie kamen ausser dem Tode folgenden Ständen zu: dem Bischof, Herzog, Abt, Ritter und Kartäuser.)

23. **Tod zum Kartäuser.** (Melle III.)

Nu tret vort, di helpet nen klagen,
Du most dyn part sulven dragen.
It sal di wesen swar,
Di mach nicht volgen nar
Wen dine werke gut ofte quat.
Din lon is na diner dat,
Nemant mach di des vorbringen.
(zum Edelmann)
Gummen kum an, ik wil di singhen.

24. **Edelmann.** (Melle IV.)

Dot, ik bidde di umme respyt,
Late mi vorhalen! mine tyt
Ik hebbe ovel overbracht,
Sterven hadde ik klene geacht.
Mine gedanken weren to vullenbringen
Jutto lust in idelen dingen,
Minen undersaten was ik swar.
Nu mot ik reisen unde wet nicht war.

25. **Tod.** (Melle I.)

Haddestu gedelt van dinem gode
Den armen, so were di wol to mode.

---

96. dagen *H.; lies* dogeden? — 188. Gummen] Men *M.* — 194. Jutto] To *M.* De *Mantels.*

De klegeliken klagen er gebreken,
Nuwerle mochtestu se horen spreken.
Dines pachtes werstu gewert.
Na mi haddestu ninen begert,
Dat ik ens umme kame to hants.
(zum Domherrn)
Kanonik, tret her an den dans.

26. **Domherr.** (Melle II.)

Mi dunkt, it is mi noch to vroch,
Van minen prunden hadde ik genoch
To bruken went her min leven,
Late mi des dansses noch begheven.
Nu scholde ik vullen min schrin.
Dine velen worde don mi grote pin.
Late mi doch gade denen bat,
Den ik in miner joget vorgat.

[V. 213—228 oder Str. 27. 28 fehlen, sie kamen dem Tode und dem Bürgermeister zu.]

29. **Tod zum Bürgermeister.** (Melle V.)

Grot lon schaltu entfan.
Vor din arbeit, dat du hefst ghedan,
Wil di God dusentvult belonen
Unde in deme ewighen levende kronen.
Mer dine bedrechlicheit darmede
Mochte di bringen in groten unvrede.
Wultu umme dine sunde ruwich sin!
(zum Arzte)
Volghe na, meister medicin!

30. **Arzt.** (Melle VI.)

Ik hadde wol vordrach, mochte it wesen,
Vele minsken hebbe ik ghenesen,
De van groter suke leden not.
Mer jegen di klene noch grot
En helpet nine kunst noch medicin.
Nu bevole ik mi sulven de pin.
Van deme dode bin ik beseen,
Wat ordel dat mi schal bescheen.

31. **Tod.** (Melle VII.)

Recht ordel schaltu entfan
Na den werken, de du hefst ghedan.
Du hefst ghedan, dat God wol wet,
Mengen in grot eventur gheset,
Den armen swarlik beschat,
Des he vaken billik hadde to bat,
Al nemestu grote summen darvan.
(zum Wucherer)
Wokerer, volghe van stunden an!

---

233. darmede] mede *M.*

32. **Wucherer.** (Melle VIII.)

O du aller unvormodeste dot,
Up di en dacht ik klene noch grot.
Ik hebbe al min gut vorsaden,
Mine bone sint vul kornes geladen,
Mot ik nu sterven, dat is mi swar,
Unde latent hir unde wet nicht war.
Ik en wet nicht, war ik henne mot.
Vorbarme miner, her, dor dinen dot!

33. **Tod.** (Melle IX.)

Vorkerde dor olt van jaren,
Anders hefstu nicht uterkaren
Den dat gut up desser erden.
Ik wet nicht, wat van di sal werden.
Up mi so haddestu klene acht,
Noch to stervende nicht gedacht.
Nu mustu int ander lant.
(zum Capellan)
Her kappelan, lange her de hant!

34. **Capellan.** (Melle X.)

Ach leider wo quelet mi de dot!
Ik hebbe last van sunden grot,
Staplik hebbe ik gequiten,
Ik vruchte, God schalt nu mer witen.
De werelt, de viant unde dat vlesch
Hebbet bedraghen minen gest.
Wat schal mi nu dat gut,
Wente ik it hir al laten mot!

35. **Tod.** (Melle XV.)

Haddestu van joget up bet
Gades recht vor di geset
Unde vlitliken gelert,
Dar du mennich wort hefst vorkert —
Dat volk bracht to gode,
Dat were gut, nu schedestu unnode.
It mot sin sunder beiden.
(zum Kaufmann)
Kopman, wilt di ok bereiden!

36. **Kaufmann.** (Melle XVI.)

It is mi verne bereit to sin,
Na gude hebbe ik gehat pin
To lande unde tor see,
Dor wind, regen unde snee;

---

270. sunden *Baethcke]* sorgen *Mantels. Bei M. ist eine Lücke angedeutet.* — 272. nu mer *Mantels]* nummer *M.* — 277. up Gade bet *M.* — 278. Gades *Baethcke] fehlt. Mantels vermutet* Haddestu van joget up gade bet Recht vor dine ogen gheset. — 280. gode] gude *M.* — 282. got *M.*

Nin re[illegible] wart mit so swar.
Mine rekenscop is nicht klar.
Hadde ik mine rekenscop ghedan,
So mochte ik vrolik mede ghan.

37. **Tod.** (Melle XIII.)

Hefstu anders nicht bedreven
In kopenscop, alse di was gheve,
It sal di wesen tor vromicheit,
Wen alle dink to richte steit,
Hefstu di so vorwart
Unde din dink gans wol geklart.
Westu anders, dat is nicht gut.
(zum Küster)
Koster, kum, it wesen mot!

38. **Küster.** (Melle XIV.)

Ach, dot, mot it sin gedan,
Nu ik erst to denen began?
In miner kosterie mende ik klar
Noch hogher to komen vorwar.
En grot officium was min sin,
Also mi dunkt, so krige ik nin.
Ik mach des nicht gebruken,
De dot wil mi vorsluken.

39. **Tod.** (Melle XI.)

Al werstu hogher geresen,
In groter var mustestu wesen.
It is diner sele meiste profit,
Dat gi nicht hogher resen sit.
Volghe na in mine partie,
Wente hoch sin maket hovardie!
Dat is al jeghen god.
(zum Handwerker)
Amtman, tret an, it is nen spot!

40. **Handwerksmann.** (Melle XII.)

Ach leider, wat schal mi bescheen!
Ovel hebbe ik mi vorgeseen
Unde hebbe mi ser ovel bedacht,
Min hantwerk so truwe nicht na getracht,
Dat gud prisede ik sere.
Nu bidde ik di, leve here,
Du mi de sunde wilt vorgheven
Unde late mi in din ewige leven!

41. **Tod.** (Melle XVII.)

Gi amteslude alghemeine
Achten vele dinges kleine,

289. Nin] na *M.*, De *Mantels.* — 294. gheven *M.* — 295. wesen tor vromicheit] enheit *M.* *Mantels will ergänzen:* wesen rechtferdicheit, *Baethcke:* werden icheit.

Dat gi einen anderen bedreghen
Unde vaken darinne leghen.
Up sterven hebbe gi nicht gepast,
Juwe sele ser belast,
Dat wil juwer sele wesen swar.

(zum Klausner)

Klusenaer, volghe naer!

42. **Klausner.** (Melle XVIII.)

To sterven dat is mi nicht leit,
Were ik van binnen bereit,
Were mine conciencie wol purgert.
De viant heft mi tentert
Mit menniger temptacie swar.
Vorbarme di, her! openbar
Ik di bekenne mine sund.
Wes my gnedich tor lesten stund!

43. **Tod.** (Melle XIX.)

Du machst wol danssen blidelik,
Di hort dat hemmelske rik.
Dat arbeit, dat du hefst ghedan,
Sal diner selen lustende stan.
Deden se alle so, it scholde en vromen,
Er scholde nicht vele ovel komen,
Men it worde mengen sur.

(zum Bauern)

Kum to min reigen, veltgebur!

44. **Bauer.** (Melle XX.)

Des dansses neme ik wol respit.
Noch hebbe ik mine tyt
Mit arbeide hen ghebracht
Unde ghedacht dach unde nacht,
Wo ik min lant mochte begaden,
Dat it mit vrucht worde geladen,
To betalen mine pacht.
Den dot hebbe ik nicht geacht.

45. **Tod.** (Melle XXI.)

Grot arbeit hefstu ghedan.
God wil di nicht vorsman
Mit dinem arbeide unde not.
It is recht, ik segge di blot,
God wilt di betalen
In sinen oversten salen.
Vruchte nicht en twink!

(zum Jüngling)

Tret her, jungelink!

---

335. conciencien *M.* — 354. wirde *M.*

46. **Jüngling.** (Melle XXII.)

Der werlde lust mi nu smaket,
Du hefst de tyt ovel raket,
Du kumpst slikende her geghan
Unde wult mi in din nette beslan.
De werlde mi lavet heil,
Bedrucht se mi, so is se feil.
Wike wech, late mi ruseleren!
Int older wil ik mi bekeren.

47. **Tod.** (Melle XXIII.)

In der nacht, der deve gank,
Slikende is min ummewank.
Ein junk man sik bi tiden ker
To gade, sin luste dregen ser.
Hir is nene blivende stat.
Haddestu west der werlde hat,
Were di beter unde er minne.
(zur Jungfrau)
Junkvrou, mit di ik danssen beghinne!

48. **Jungfrau.** (Melle XXIV.)

Des reiges were ik onich gherne,
Ik junghe schone derne,
Ik hadde merket der werlde lust,
Van diner kumpst nicht gewust.
Nu kumpstu snel unde mi vorverst,
Ik wuste nicht, dattu hir werst.
Were ik ene klostervrowe worden,
So trede ik vro in dinen orden.

49. **Der Tod zum Kinde.**

(fehlt.)

50. **Kind.**

O dot, wo schal ik dat vorstan,
Ik schal dansen unde kan nicht gan?

(Der Schluss fehlt.)

Anno Domini MCCCCLXIII. in vigilia Assumcionis Marie.

---

376. sin luste dregen ser *Mantels]* sin . . . . . dregen] her *M.* — 383. hadde merket] merke *M.* — 386. dattu *fehlt M.* — 389. 390.] *Diese beiden Verse sind nicht von Jacob von Melle überliefert, sondern in seinem handschriftlich erhaltenen Werke 'Lubeca Religiosa' von einem seiner Nachkommen nachträglich eingezeichnet worden.*

Anmerkungen. 1. *Och redelike creatuer.* Auf die Übereinstimmung dieser Worte mit den Anfangsworten der frz. Danse macabre ist oben S. 23 hingewiesen. Über *spectel* vs. 2 s. S. 16, über *scapeken* v. 10 ebd.

24. Vgl. Danse macabre: *He? faut-il que la dance mainne Le premier qui suis dieu en terre J'ay eu dignité souverrainne En l'eglise comme Saint Pierre.* Berliner Totentanz: *Pawes erdesche vader volget my na . . . Gy hebben in der stede gades ghestan.*

26. *als ik sy* 'wie ich bin'. Mittelniederländischer Sprachgebrauch. Nach mnd. Regel müsste es *als ik bin* hier heissen, im mnl. ist es dagegen den Dichtern gestattet, in den Nebensätzen, welche in der Prosa den Indicativ bieten müssten, vom Verbum substantivum die Conjunctivformen des Praesens einsetzen zu dürfen, wenn es der Reim erfordert. Zahlreiche Belege verzeichnet W. L. van Helten, Middelnederlandsche Spraakkunst (1887) S. 305 f., z. B. Maerlants Spegh. hist. 1[1], 21, 22 *Ceres es eene stat bi Endi Daer een lant na gheheeten si Daer die bome zijdwulle dragen.* Ebd. 3[8], 16, 60 *Com met an mi Want ic sere gevenijnt si.* Ebd. 1[6], 43, 44 *Want hi hem besniden liet Vanden vleesche, alse ghi siet.* Vgl. Franck, Mnl. Grammatik § 169.

27. 28. Vgl. Dodesdanz v. 1489 vs. 185. *Din losent unde bindent was hel, vullenkomen unde gans.* Ebd. 303. *Der hôcheit werstu nu ein gast* (die von dem Herausgeber missverstandene Stelle ist zu übersetzen: 'Deiner hohen Stellung wirst du nun fremd d. h. beraubt').

30. Vgl. Dodesdanz v. 1489 vs. 169 *Her pawes du werest hoch geresen in state.*

53. *wil* imperativisch wie v. 284 u. 323 *wilt*, 235 *wul.*

63 ff. Vgl. Dodesdanz v. 1489 v. 211 ff. *Her keiser du werest gekoren to einem heren. De cristenheit to vorstan unde to regeren Mit dem swerde der rechtverdicheit;* ebd. v. 221 f. *Sus heft giricheit unde hovardie di vorblent Dattu di sulven nicht hefst gekent.*

78. *negensins* 'durchaus nicht', vgl. Mnd. Wtb. 4, 209.

107. Den Armen hastu kein Leid abgewandet' *hestu* aus v. 106 gilt für den folgenden Vers mit, vgl. v. 266. 330. 386.. Unklar ist v. 205.

184. *nar* 'nach'. Mittelniederländische Form. Da die mnd. Form *na* keinen Reim ergeben hätte, so hat der Urheber des lübischen Totentanzes die mnl. Form der Vorlage hier und vs. 332 beibehalten, während innerhalb des Verses stets *na* gesetzt ist, vgl. v. 236. 313.

188. *gummen* 'Herr, Mann' . Melle's Abschrift überliefert nur *men*, ohne anzudeuten, dass vor diesen Buchstaben einige andere unlesbar geworden waren. Trotzdem wird man letzteres hier und in einigen anderen Versen zu Beginn derselben annehmen dürfen, vgl. v. 194. 289. Das Wort *gummen* findet sich noch in dem Ravenbergischen Ausruf 'o gum! o gum! Oh Wunder! eigentlich oh Mann!' Ferner heisst in einem holsteinischen Kinderspiel der beim Lauf zuerst das Ziel erreicht Gumm. Vgl. Schütze, Holst. Idiot. II. S. 78.

229 ff. Mantels S. 7 bemerkt: 'Dass diese Worte an den Bürgermeister gerichtet sind, beweist der im Einzelnen gleichlautende Text von '[1489 und] 1496'. Vgl. Dodes danz hrsg. von Baethcke v. 711 ff.

236. *medecin* ist die mittelniederländische, dem Französischen entlehnte Bezeichnung für 'Arzt', mnd. *arste, arstedien.*

243. *beseen* mnl. *besien* heisst 'besehen, besuchen, untersuchen, abwarten'. Hier ist wohl der Sinn, dass der Tod wie ein Arzt den Kranken besieht und die Prognose *(ordel)* stellt.

255. *vorsaden* ist an dieser Stelle unerklärlich und scheint entstellt, ohne dass eine ansprechende Besserung sich leicht darbietet. In den Zusammenhang würde der Gedanke passen 'Ich habe mein ganzes Vermögen in Korn angelegt, und meine Böden sind damit angefüllt, ohne dass ich jetzt schon weiss, an wen ich es verkaufe.' Baethcke schlägt vor, *vorladen* statt *vorsaden* zu lesen. Die in paläographischer Beziehung leichte Änderung erscheint aber anstössig wegen des rührenden Reimes.

273. Die Reimbindung *vlesch: gest* ist wahrscheinlich der mnl. Vorlage entlehnt. Mittelniederländisch lauten die Worte *vlees: gheest* und können mit einander reimen.

294. *gheven,* das in Melles Abschrift sich findet, giebt keinen in den Zusammenhang passenden Sinn. Das dafür eingesetzte *gheve* (mnl. *ghave, gheve,* mhd. *gæbe,* ostfries. u. westfal. *gäve),* heute nhd. nur noch in der Redensart 'gang und gäbe' gebräuchlich, hat die Bedeutung 'untadelhaft'.

295. *tor vromicheit* 'zum Nutzen'. Gegen Mantels' Ergänzung *rechtverdicheit* 'Gerechtigkeit' ist einzuwenden, dass die Gerechtigkeit des göttlichen Gerichtes ja auch statt hat, wenn der Kaufmann unrecht gehandelt hat. Nicht die Gerechtigkeit; sondern die Rechtfertigung kann dem Kaufmanne in Aussicht gestellt sein.

301 ff. Der Küster findet sich von allen alten Totentänzen nur im Lübecker von 1463 und in dem der Marienkirche in Berlin. Da er sich Hoffnung auf *en grot officium* 'ein grosses Kirchenamt', also auf eine höhere Weihe (als Diaconus, Presbyter oder gar Bischof) gemacht hat, muss er als Kleriker gedacht sein, der von den vier niederen Weihen (Acoluth, Exorcist, Lector, Ostiarius) zum mindesten die niedrigste, nämlich die als Ostiarius empfangen hat, dessen Kirchendienst mit dem des Küsters zusammenfiel. Auffällig bleibt bei dieser Erklärung jedoch, dass der Küster überhaupt voraussetzt, später ein höheres Kirchenamt zu erhalten, da in der Praxis die für die höheren Weihen bestimmten Kleriker (ausser Rom) die niederen Weihen gar nicht zu erhalten pflegten. Auch war es nicht einmal notwendig, dass der Küsterdienst einem (niederen) Kleriker übertragen werden musste, auch ein gut beleumdeter Laie durfte ihn thun. Bemerkenswert ist, dass der Küster im Lübecker Gemälde in Laientracht, im Berliner als Kleriker dargestellt ist.

332. *klusenaer* 'Klaussner', mittelniederländische Form, vgl. mnl. *clusenare*, mnd. *klusenere*; mnl. *moordenaer*, mnd. *mordenere*.

335 ff. Die hier dicht neben einander gesetzten Fremdwörter romanischen Ursprungs *conciencie, purgert, tentert, temptacie* sind wahrscheinlich schon in der mnl. Vorlage enthalten gewesen. Die mnd. geistliche Poesie und Prosa verwendet zwar derartige Fremdwörter gelegentlich, so gehäuft begegnet man ihnen gewöhnlich aber nur in mnl. und solchen mnd. Schriften, die aus mittelniederländischen übersetzt oder durch mnl. Vorbilder beeinflusst sind, z. B. in vielen im 15. Jahrh. in Westfalen geschriebenen geistlichen Tractaten.

373. *der deve gank*, Apposition zu *nacht*, 'die Zeit, wo die Diebe auf Raub ausgehen', vgl. *ulenvlucht* 'die Zeit, wo die Eulen fliegen', Stockh. Vogelsprache 10. 16 (nd. Jahrb. XIV., 129), Mnd. Wtcb. 5, 1. — Als Appostion kann *gank* im Nominativ stehen, obgleich es sich auf den Dativ *der nacht* bezieht, vgl. Dodes danz von 1489 v. 73: *Men leset van einem riken van gelde, ein unedelman;* Boek der profecien von 1493 Bl. 62 (angemerkt von Baethcke a. a. O.) *Men lest van einem doctor, ein vornomen man;* Chroniken d. dtsch. Städte 19 (Lübeck Bd. I., hrsg. von Koppmann) S. 195 (vgl. Nissen, Middelnedertysk Syntax § 19) *vormiddest eyme ghestliken personen, en lesemester in sunte Franciscus orden.*

379. *unde er minne* 'und eher Barmherzigkeit'.
